农牧业推广策略
在农村经济中的应用

丁顺芳　胡　阳　高淑慧　著

哈尔滨出版社
HARBIN PUBLISHING HOUSE

图书在版编目（CIP）数据

农牧业推广策略在农村经济中的应用 / 丁顺芳，胡阳，高淑慧著. -- 哈尔滨 ：哈尔滨出版社，2025.

ISBN 978-7-5484-8464-6

Ⅰ . F32

中国国家版本馆 CIP 数据核字第 2025JQ5899 号

书　名：**农牧业推广策略在农村经济中的应用**

NONGMUYE TUIGUANG CELÜE ZAI NONGCUN JINGJI ZHONG DE YINGYONG

作　者：丁顺芳　胡　阳　高淑慧　著

责任编辑：费中会

出版发行：哈尔滨出版社（Harbin Publishing House）

社　址：哈尔滨市香坊区泰山路 82-9 号　邮编：150090

经　销：全国新华书店

印　刷：北京鑫益晖印刷有限公司

网　址：www. hrbcbs. com

E - mail： hrbcbs@ yeah. net

编辑版权热线： (0451)87900271　87900272

销售热线： (0451)87900202　87900203

开　本：787mm×1092mm　1/16　印张：10.5　字数：149 千字

版　次：2025 年 5 月第 1 版

印　次：2025 年 5 月第 1 次印刷

书　号：ISBN 978-7-5484-8464-6

定　价：48.00 元

凡购本社图书发现印装错误,请与本社印制部联系调换。

服务热线： (0451)87900279

前　言

　　随着时代的发展,如何高效、可持续地推动农牧业发展,成为乡村振兴战略中不可或缺的一环。农牧业推广策略,作为连接科研成果与田间地头的桥梁,其重要性日益凸显,不仅能够促进先进农业技术和管理理念的快速传播,提高农业生产效率和产品质量,还能够引导农村产业结构优化升级,激发农村经济内在活力。

　　在当前农村经济发展新阶段,面对资源环境约束加剧、市场需求多元化等挑战,农牧业推广策略需要更加注重创新性与针对性。这意味着要紧密结合地区实际,因地制宜地推广适宜的技术模式,如智能化农业装备的应用、生态循环农业的实践等。同时,农牧业推广还应着眼于构建长期稳定的利益联结机制,通过合作社、家庭农场、农业企业等多种形式,将小农户融入现代农业发展轨道,实现规模效益与共享发展。在这一过程中,市场主导、社会参与的多元化推广体系将发挥关键作用,确保农牧业推广策略既接地气又高效能,为农村经济注入强劲动力,助力乡村振兴宏伟蓝图的实现。

　　本书共分为八个章节,从农业经济基础出发,系统探讨了农牧产业管理、水产养殖技术、淡水渔业资源开发、农牧业及种植业技术推广、合作社与家庭农场发展等多个方面。第一章至第四章主要研究农业经济的基本理论、增长动力、结构优化及农牧产业和水产养殖的管理策略与技术发展,强调农业经济的多元发展和技术创新。第五章至第八章则聚焦于农牧业与种植业技术的推广策略、实践应用及本土化探索,包括推广策略的制定、实施、效果评估,以及合作社与家庭农场在推广中的角色与前景,旨在通过本土化实践推动农牧业的可持续发展。

　　本书适用于农业经济学者、农牧业管理者、技术推广人员及相关领域学生,是全面了解农牧业经济发展与技术推广的必备参考。

目　　录

第一章 农业经济基础

第一节 农业经济的概念与特征

一、农业经济的概念

(一)农业经济的范畴

农业经济,作为农村经济活动的核心组成部分,涵盖了农业领域内广泛的经济关系与经济活动。它不仅仅是农民在田间地头的耕作与收获,更涉及了生产资料的准备、农产品的加工与销售、农业资金的筹集与运用,以及农业剩余的分配与消费等多个环节。农业经济是一个复杂的系统,它包含了农业生产过程中的各种经济现象,如土地资源的利用、劳动力的配置、农业技术的革新、农产品的市场流通等。这些经济活动和关系相互交织,共同构成了农业经济的丰富内涵。在农业经济的广阔舞台上,农民是主体,他们通过辛勤的劳动,将自然资源转化为农产品,满足社会的食物需求和其他农业产品的供给。同时,农业经济也涉及政府、企业、金融机构等多个参与方,他们通过政策制定、资金投入、技术指导等方式,影响并推动着农业经济的发展。农业经济的健康发展,不仅关系到农民的收入水平和生活质量,也直接影响着国家的粮食安全、社会稳定和经济发展大局。因此,深入研究农业经济,把握其内在规律和特点,对于促进农业可持续发展、实现乡村振兴具有重要意义。

(二)农业经济的发展规律

与工业、服务业等其他经济部门相比,农业经济更受自然条件、季节变化、生物生长周期等因素的制约。这使得农业经济在生产组织、资源配置、风险管理等方面面临着更为复杂的挑战。例如,农业生产高度依赖天气,使得农业产出具有较大的不确定性;农产品的易腐性,要求农业生产者必须及时将产品转化为商品,实现价值;而农业生产周期的长短不一,又要求农民在资金、劳动力等方面做出灵活安排。此外,农业经济还面临着结构调整、产业升级等多重任务。随着科技进步和市场需求的变化,传统农业必须向现代农业转型,提高生产效率,优化产品结构,增强市场竞争力。这要求农业经济在保持传统优势的同时,不断探索新的增长点,如发展特色农业、生态农业、休闲农业等。同时,农业经济还需关注农村社会的全面发展,促进农民增收致富,实现农村经济与社会的和谐共生。因此,深入研究农业经济的独特性与发展规律,对于指导农业实践、推动农业现代化进程具有深远的意义。

二、农业经济的特征

随着农业科技水平的不断提升,我国农村经济的综合生产能力都在不同程度地提高和加深,以致我国农村经济的发展,无论是生产条件还是发展环境都发生了前所未有的新变化,现阶段农村经济呈现出依赖自然条件、地域性、季节性、综合性、基础性五个主要特征,如图1-1所示。

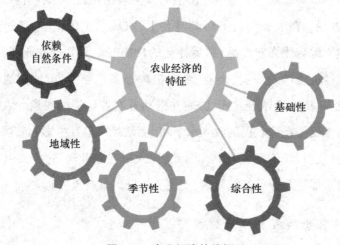

图1-1 农业经济的特征

(一)依赖自然条件

农业经济活动,从根本上说,是人与自然相互作用的产物。它高度依赖于自然条件,尤其是气候、土壤和水资源这三大要素,其构成了农业生产的基石。气候的微妙变化,如温度、降水量的增减,直接影响着农作物的生长周期和产量。土壤的质量,包括其肥力、结构、酸碱度等,决定了农作物的根系发展和养分吸收能力。而水资源的丰富程度,则是农业生产能否顺利进行的关键。这些自然条件的不可控性,使得农业经济充满了不确定性和风险性。例如,干旱、洪涝、病虫害等自然灾害,都可能对农业生产造成毁灭性的打击。因此,农业经济在发展过程中,必须充分考虑自然条件的制约,采取科学的种植技术和管理措施,以降低风险,提高农业生产的稳定性和可持续性。

(二)地域性

农业生产的地域性特点,是由自然条件、社会经济条件和技术水平等多重因素共同作用的结果。不同地区因其独特的地理环境、气候条件和文化传统,形成了各具特色的农业生产模式。在北方,干旱少雨的气候条件使得耐旱作物如小麦、玉米成为主要农作物;而在南方,湿润多雨的环境则更利于水稻、茶叶等作物的生长。这种地域性的生产格局,不仅丰富了农产品的种类和品质,也促进了农业生产的专业化和特色化发展。同时,地域性还体现在农业生产的组织形式和经营模式上,如家庭农场、合作社、农业企业等,这些不同的组织形式和经营模式,都是根据当地的社会经济条件和农业生产特点而逐渐形成的。

(三)季节性

农业生产的季节性特点,是农业生产与自然界的紧密联系所决定的。农作物的生长、成熟和收获,都严格遵循着季节的变换。春天是播种的季节,夏天是作物生长旺盛的时期,秋天则是收获的季节,而冬天则是休养生息、准备来年生产的时期。这种季节性的变化,要求农业生产者在安排生产计划时,必须具有前瞻性和灵活性。他们需要根据农作物的生长周期和市场需求,合理规划种植结构,确保农产品的供应与市场需求相匹配。同时,在资金运用和劳动力配置上,也需要根据季节性的变化进行灵活调整,以确保农业生产的顺利进行。

(四)综合性

农业经济作为一个综合性的经济部门,其内涵远不止于农业生产本身。它还涉及农产品的加工、流通、分配和消费等多个环节,这些环节相互依存、相互促进,共同构成了农业经济的完整链条。在农产品加工环节,通过先进的加工技术和设备,可以将原材料转化为更具价值的产品,提高农产品的附加值。在流通环节,通过完善的物流体系和销售渠道,可以将农产品快速、准确地送达消费者手中。在分配环节,通过合理的价格机制和利益分配机制,可以保障农民和消费者的合法权益。而在消费环节,消费者的需求和反馈,又为农业生产提供了重要的市场导向。因此,农业经济的综合性特点要求我们在发展农业经济时,必须全面考虑各个环节的协调发展,实现农业经济的整体优化。

(五)基础性

农业经济在国民经济中占据着举足轻重的地位,它是国民经济的基础。农业不仅为人类提供了基本的生活资料,如粮食、蔬菜、水果等,还为工业提供了重要的原料,如棉花、油料、糖料等。这些农产品和原料的供应,支撑着其他经济部门的发展,如食品加工业、纺织工业、化工工业等。同时,农业也是农村经济的主体,对于促进农村经济发展、增加农民收入具有重要意义。农业的发展可以带动农村相关产业的发展,如农产品加工业、农村旅游业等,从而为农民提供更多的就业机会和收入来源。此外,农业的发展还可以促进农村基础设施的建设和完善,提高农民的生活质量和幸福感。因此,必须高度重视农业经济的发展,加强农业科技创新和人才培养,提高农业生产的效率和质量,为国民经济的持续健康发展提供坚实的保障。

第二节　农业经济的增长动力与挑战

一、农业经济增长的主要动力

（一）市场需求与消费升级

1. 多样化需求

在经济社会快速发展的背景下，人民生活水平显著提升，消费者的农产品需求也随之发生了深刻变化。这一变化的核心特征在于需求的多样化、高品质及个性化。消费者不再满足于传统、单一的农产品供给，而是追求更加丰富多样的农产品选择，这既包括农产品种类的多样性，也涵盖了对农产品口感、营养、外观等多方面的个性化需求。例如，市场上涌现出的彩色蔬菜、特色水果、有机稻米等，都是消费者多样化需求的直接体现。这种需求的多样化，对农业生产者提出了更高要求。为了满足市场需求，农业生产者必须不断调整和优化种植结构，引入新品种，采用新技术，以提高农产品的品质和附加值。同时，农业生产者还需关注市场动态，及时捕捉消费者需求的变化，实现农产品的精准供给。在这一过程中，农业经济的创新与变革得以推动，农业生产效率得到提升，农产品市场竞争力得到增强，从而为农业经济的持续增长注入了新的活力。此外，多样化需求还促进了农业产业链的延伸和拓展。为了满足消费者对深加工农产品的需求，农业生产者开始涉足农产品加工领域，通过深加工提高农产品的附加值，满足消费者对便捷、健康、美味食品的需求。这种产业链的延伸，不仅增加了农业生产者的收入来源，还促进了农业与相关产业的融合发展，为农业经济的多元化发展提供了有力支撑。

2. 消费升级

在消费升级的推动下，消费者更加倾向于选择那些绿色、有机、无污染的农产品，以满足自身对健康生活的追求。这种消费升级的趋势，对农业生产方式产生了深远影响。为了适应市场需求,农业生产者开始转变传统的农业生产模式,采用更加环保、可持续的农业生产方式。例如,推广有机肥料替代化肥,减少农药使用,采用生物防治等绿色农业技术,以提高农产品的品质和安全性。同时,农业生产者还注重农产品的品牌建设和营销策划,通过打造绿色、有机、健康的农产品品牌,提升农产品的市场竞争力。而且,消费升级还促进了农业产业结构的优化升级。在绿色、有机、健康消费理念的引导下,农业生产者开始调整农产品种植结构,增加绿色、有机农产品的种植面积和产量。同时,农业生产者还积极拓展农产品销售渠道,通过线上线下相结合的方式,将绿色、有机农产品推向更广阔的市场。这种产业结构的优化升级,不仅提高了农业经济的整体效益,还促进了农业经济的可持续发展。

(二) 智慧农业驱动

1. 生物技术应用

生物技术作为 21 世纪农业科技创新的核心驱动力,正深刻改变着农业生产的面貌。基因编辑技术,如 CRISPR-Cas9 系统,以其精确高效的基因修改能力,为作物遗传改良开辟了新途径。科学家们利用这一技术,针对影响作物产量、品质及抗逆性的关键基因进行精准编辑,成功培育出了一系列高产、优质、耐旱、抗病虫害的作物新品种。这些新品种不仅大幅提升了农作物的单位面积产量,还有效降低了农药和化肥的使用量,促进了农业生产的绿色可持续发展。同时,分子标记辅助选择技术的应用,使得作物育种过程更加高效、精准,缩短了新品种的研发周期,加速了优良品种的推广应用,为农业经济增长注入了强劲动力。

2. 农业机器人与物联网

随着物联网技术和人工智能的飞速发展,农业机器人和智能设备正逐步成为现代农业生产的主力军。农业机器人,如自动驾驶拖拉机、智能采摘机器人等,能够精准执行播种、施肥、喷药、收割等作业,极大地减轻了农民的劳动强度,提高了农业生产效率。无人机喷洒技术以其高效、均匀的特点,成为病虫害防治的新选择,不仅减少了农药用量,还保护了生态环境。而精准农业系统,通过集成 GPS 导航、遥感监测、传感器网络等技术,实现了对农田环境的实时监测和作物生长状态的精准管理,为农业生产提供了个性化的解决方案。这一系列智能化技术的应用,不仅提升了农业生产的智能化水平,还促进了农业资源的优化配置,为农业经济的持续增长奠定了坚实基础。

3. 农业大数据与云计算

在大数据时代,农业数据的收集、分析与应用已成为提升农业生产效益的关键。农业大数据涵盖了农业生产全过程的数据,包括土壤湿度、气候条件、作物生长状况、市场供需信息等。云计算平台则提供了强大的数据处理和存储能力,使得这些海量数据能够被快速整合、分析,转化为指导农业生产的科学依据。通过农业大数据的分析,农民可以更加准确地预测作物产量、优化种植结构、调整销售策略,从而避免盲目生产,减少资源浪费。同时,云计算技术还支持远程监控和智能决策系统的构建,使农业生产管理更加便捷、高效。农业大数据与云计算的深度融合,不仅提升了农业生产的精细化管理水平,还促进了农业产业链的协同发展,为农业经济的转型升级和持续增长提供了强大的数据支撑。

(三) 产业融合

1. 农旅融合

农旅融合,作为农业经济增长的新动力,正逐步展现出其巨大的潜力和广阔的前景。通过巧妙地将农业与旅游业相结合,不仅拓展了农业产业链,更为农民开辟了新的增收渠道。乡村旅游和休闲农业的兴起,让游客在体验田园生活、感受乡村文化的同时,也带动了农产品的销售和乡村经济的发展。在农旅融合的过程中,农业生产不再是单一的种植或养殖,而是融入了观光、体验、教育等多种元素。游客可以亲手采摘新鲜果蔬,参与农事活动,体验农耕文化的魅力。这种深度的互动体验,不仅提高了游客对农产品的认知和信任度,也提高了农产品的附加值。同时,乡村旅游的发展还带动了餐饮、住宿、交通等相关产业的发展,形成了农业与旅游业的良性互动。此外,农旅融合还有助于提升乡村的整体形象和知名度,吸引更多的投资和人才,为乡村的全面发展注入新的活力。因此,农旅融合不仅是农业经济增长的新动力,更是推动乡村振兴的重要途径。

2. 农产品加工业

农产品加工业的发展,是农业经济增长中不可或缺的一环。通过延长农业产业链,将初级农产品转化为深加工产品,不仅可以提高农产品的附加值,还能满足市场对多样化、高品质农产品的需求。农产品加工业的发展,需要依托丰富的农业资源和先进的加工技术。在保留农产品原有营养价值的基础上,通过精深加工,可以开发出更多种类的农产品,如即食食品、保健品、调味品等。这些深加工产品不仅具有更高的市场价值,还能满足消费者对便捷、健康食品的需求。同时,农产品加工业的发展还能带动相关产业的协同发展,如包装、物流、销售等。这些产业的集聚和协同发展,有助于形成完整的产业链条,提高农业经济的整体竞争力。因此,发展农产品加工业,是农业经济增长中不可或缺的重要动力。

3. 农村电商

农村电商的兴起,为农业经济增长开辟了新的销售渠道。通过电商平台,农产品可以跨越地域限制,直接面向更广阔的市场。这不仅拓宽了农产品的销售渠道,还提高了农产品的市场竞争力。而农村电商的发展,得益于互联网技术的普及和物流体系的完善。农民可以通过电商平台发布农产品信息,与买家进行在线交易,实现农产品的快速流通。同时,电商平台还提供了丰富的营销手段,如优惠券、满减活动等,吸引了更多消费者的关注和购买。此外,农村电商还促进了农产品的品牌化和标准化发展。通过电商平台,农民可以更加注重农产品的品质和包装,打造具有地域特色的农产品品牌。同时,电商平台对农产品的质量要求也促使农民更加注重农产品的标准化生产,提高了农产品的整体质量水平。因此,农村电商的发展,不仅拓宽了农产品的销售渠道,还增强了农产品的市场竞争力,为农业经济增长注入了新的动力。

二、农业经济面临的挑战

(一)资源约束与环境压力

我国作为世界上的人口大国,土地资源相对匮乏,人均土地占有量远低于世界平均水平,这一基本国情构成了农业发展的根本性约束。尤其是在粮食主产区,土地资源的过度开发已导致土壤退化、肥力下降,严重威胁到农业的长期可持续发展。同时,水资源短缺成为悬在农业生产头顶的另一把利剑。随着全球气候变暖和人口持续增长,水资源供需矛盾日益尖锐,干旱、洪涝等极端气候事件频发,进一步加剧了农业用水的紧张局面。此外,农业生产中化肥、农药的过量使用,不仅造成了土壤污染、水体富营养化等环境问题,还严重影响了农产品的质量和安全,对农业生态系统的健康运行构成了严峻挑战。这些资源约束与环境压力,如同双重枷锁,紧紧束缚着农业经济的增长步伐。

(二)农业人才与技术短缺

随着城市化进程的加速推进,农村年轻劳动力大量向城市转移,导致农业领域人才严重短缺,尤其是高素质、技能型的农业专业人才更是稀缺。这一现状不仅影响了农业新技术的推广和应用,也制约了农业现代化的进程。尽管近年来我国农业科技水平取得了显著提升,但与发达国家相比,仍存在一定的差距。一方面,农业科技创新成果丰硕,但科研成果转化为实际生产力的效率不高,许多先进的农业技术停留在实验室阶段,未能有效普及到田间地头。另一方面,农业技术推广体系不够完善,缺乏专业的技术推广人员和有效的推广机制,导致农民对新技术、新品种的接受度和应用率较低。这种人才与技术的双重短缺,成为制约农业经济发展的重要因素。

(三)农业基础设施薄弱

农业基础设施是支撑农业生产、保障农业安全的重要基石。而我国许多地区的农业基础设施年久失修,老化严重,难以适应现代农业生产的需求和应对极端气候变化的挑战。例如,灌溉系统、防洪排涝设施、农田防护林等基础设施的损坏和缺失,严重影响了农田的水利条件和抗灾能力,增加了农业生产的风险和不确定性。同时,农业基础设施的建设和维护需要大量资金投入,但由于资金有限且分配不均,导致许多地区的基础设施建设滞后,无法满足农业生产的实际需要。这种基础设施的薄弱状态,不仅降低了农业生产的效率和稳定性,也削弱了农业抵御自然灾害的能力,成为制约农业经济持续健康发展的又一重要因素。

第三节 农业经济结构优化与转型升级

一、农业经济结构的优化

(一)产业结构优化

1. 多元化发展

传统农业往往依赖于单一的种植业,这种结构在面对自然灾害、市场需求变化时显得尤为脆弱。因此,推动农业从单一的种植业向农林牧渔业全面拓展,成为农业经济转型升级的必然选择。多元化发展不仅意味着农业内部种植结构的多样化,更涵盖了畜牧业、渔业及林业的协同发展。畜牧业作为种植业的补充,可以有效利用农作物残余,转化为高价值的动物产品,同时提供有机肥料,促进土壤健康。渔业则利用水域资源,为市场供应丰富多样的水产品,满足消费者对高蛋白、低脂肪健康食品的需求。林业的发展不仅有助于生态平衡,还能提供木材、林果等资源,增加农民收入来源。通过多元化发展,农业各产业间形成互补优势,降低了对单一产业的依赖风险,增强了农业经济的韧性。同时,多元产业融合促进了资源的循环利用和生态环境的改善,为农业可持续发展奠定了坚实基础。此外,多元化还激发了农业创新活力,推动了新技术、新品种的引进与应用,进一步提升了农业经济的整体竞争力和市场适应性。

2.重点产业培育

在农业经济产业结构优化的过程中,重点产业培育是提升地区农业经济效益、形成区域特色的核心策略。各地区应依据自身资源禀赋和市场需求,精准定位,集中力量培育和发展具有比较优势的农业产业。而特色种植与养殖是重点产业培育的重要方向。通过引进和培育适应当地气候、土壤条件的特色作物和畜禽品种,可以形成独特的农产品品牌,提高市场竞争力。例如,某些地区依托得天独厚的自然条件,发展特色水果、蔬菜或高品质畜产品,不仅满足了消费者对绿色、健康食品的追求,也带动了当地经济的快速发展。其中,区域化、专业化、规模化的生产格局是重点产业培育的目标。通过科学规划,合理布局,形成产业集群,可以降低生产成本,提高生产效率,增强产业的整体竞争力。同时,专业化生产有助于提升农产品的品质和附加值,满足市场对高品质农产品的需求,进一步拓宽销售渠道,增加农民收入。此外,重点产业培育还需与市场需求紧密结合,不断调整产业结构,创新产品形式,以满足消费者日益多样化的需求。通过加强与科研机构、高校的合作,引进先进技术和管理理念,推动产业升级,打造具有核心竞争力的农业产业体系,为农业经济持续健康发展提供有力支撑。

(二)品质与效益提升

1.品质提升

在农业经济中,品质是农产品的生命线,也是提升农业竞争力的关键所在。随着消费者对食品安全、营养健康和口感的日益关注,市场对高品质农产品的需求不断增长。为满足这一需求,农业部门积极引进国内外优良品种,这些品种往往具有高产、优质、抗逆性强等特点,能够显著提升农产品的品质和产量。同时,先进栽培技术和科学管理模式的推广,如精准施肥、节水灌溉、病虫害绿色防控等,进一步优化了农业生产过程,确保了农产品品质的稳定提升。此外,农产品质量追溯体系的建立,让消费者能够追溯农产品的生产源头,增强了消费者对农产品的信任度,也为高品质农产品赢得了更好的市场口碑。这一系列举措不仅满足了市场对高品质农产品的迫切需求,也提升了农业经济的核心竞争力,为农业经济的持续健康发展奠定了坚实基础。

2. 效益提升

农产品品牌建设是提升农业经济效益的有效途径之一。通过打造具有地域特色、文化内涵和品质保证的农产品品牌,可以显著提升农产品的附加值,使农民在销售过程中获得更多利润。品牌效应不仅体现在产品价格的提升上,更在于品牌忠诚度的建立,能够吸引更多消费者持续购买,从而稳定市场份额。此外,推动农业与二三产业的融合发展,是提升农业综合效益的另一大动力。农业与加工业、服务业的深度融合,可以延长农业产业链,增加农产品加工、储藏、运输、销售等环节的价值,形成多元化的收入来源。例如,乡村旅游、农业体验、农产品电商等新兴业态的兴起,不仅丰富了农业经济的内涵,也为农民提供了更多增收渠道。这种融合发展的模式,不仅提升了农业的经济效益,还促进了农村经济的全面振兴,为农业经济的可持续发展注入了新的活力。

(三)农业经济可持续发展

1. 资源高效利用

在农业经济可持续发展的道路上,农业作为国民经济的基础,其生产活动对土地、水等自然资源有着高度的依赖性。而随着人口增长和经济发展,这些资源的稀缺性日益凸显,如何优化农业资源配置,提高资源利用效率,成为农业经济可持续发展面临的重要课题。实现资源高效利用,首先要从土地资源的合理利用入手。通过科学的土地规划和布局,确保每一寸土地都能发挥其最大的生产潜力。同时,推广先进的耕作技术和种植模式,如轮作休耕、间作套种等,提高土地的复种指数和产出率。此外,加强农田水利设施建设,改善灌溉条件,提高水资源的利用效率,也是实现资源高效利用的重要途径。在降低农业生产成本方面,资源高效利用同样发挥着关键作用。通过优化农业生产结构,调整作物种植结构,减少高耗水、高耗能作物的种植面积,增加耐旱、耐瘠薄作物的种植比例,可以有效降低农业生产对资源的消耗。同时,推广节能降耗的农业机械设备和技术,提高农业生产的机械化水平和效率,也是降低生产成本、提高资源利用效率的有效手段。

2. 生态保护

在追求经济效益的同时,不能忽视农业生产对生态环境的影响。加强农业生态保护,推广绿色、有机农业,是实现农业可持续发展的重要途径。绿色农业强调在农业生产过程中减少化肥、农药的使用,降低对环境的污染。通过推广生物防治、物理防治等环保型病虫害防治技术,减少化学农药的使用量;同时,合理施用化肥,推广测土配方施肥技术,提高化肥的利用率,减少化肥流失对环境的污染。这些措施不仅有助于保护农业生态环境,还能提高农产品的品质和安全性,满足消费者对绿色、健康农产品的需求。而有机农业则更进一步,强调在农业生产过程中完全不使用化学合成的农药、化肥和转基因技术,而是采用天然的农业生产方式和管理方法。通过发展有机农业,不仅可以保护农业生态环境,还能促进农业生态系统的良性循环,提高上壤的肥力和生物多样性,为农业经济的可持续发展奠定坚实基础。同时,有机农产品因其高品质、高附加值的特点,也为农民带来了更高的经济收益。

二、农业经济的转型升级

(一)科技创新驱动

1. 先进技术引进

在农业经济转型升级的浪潮中,先进技术的引进如同一股强劲的东风,为农业生产注入了新的活力。全球范围内,农业技术和装备的日新月异,为农业生产自动化、智能化提供了无限可能。我国农业部门积极拥抱这一变革,通过引进国内外先进的农业机械设备、智能监控系统、精准农业技术等,极大地提升了农业生产的效率和精度。这些技术不仅减轻了农民的劳动强度,还通过数据分析、智能决策等手段,帮助农民实现科学种植、精准管理,从而提高了农产品的产量和品质。与此同时,技术的引进并非一蹴而就,更需有效推广和培训来支撑。农业部门通过建立完善的技术推广体系,组织专家团队深入田间地头,开展技术培训和指导,帮助农民掌握新技术、新装备的使用方法,提升他们的技术素质和应用能力。这种"引进+推广"的模式,确保了先进技术能够真正落地生根,转化为农业生产的实际效益,为农业经济的转型升级按下了加速键。

2. 创新平台建设

农业经济的转型升级,离不开科技创新的持续驱动。而创新平台的建设,则是连接科研与产业、推动农业科技成果转化的关键一环。通过建设农业科技创新平台,如农业科研机构、重点实验室、技术转移中心等,可以集聚科研力量,加强农业科研与教学的紧密结合,形成产学研用一体化的创新生态。这些平台不仅为科研人员提供了良好的工作环境和实验条件,还通过举办学术交流、技术培训、项目合作等活动,促进了科研成果的快速传播和有效转化。更重要的是,平台的建设推动了农业科技成果从实验室走向田间地头,实现了科研成果与农业生产实践的深度对接。这种"科研+转化"的模式,不仅加速了农业科技成果的产业化应用,还为农业经济的转型升级提供了源源不断的创新动力,助力农业经济迈向更高质量的发展阶段。

(二)市场导向与品牌建设

1. 市场导向

在农业经济转型升级的浪潮中,市场导向如同航海中的指南针,为农业生产指明了方向。它要求农业生产者必须紧密关注市场动态,敏锐捕捉消费者需求的变化,以此为依据调整农业生产结构和品种结构,确保农产品能够精准对接市场需求,提升市场竞争力。市场导向的核心理念在于"以需定产",即根据市场需求来安排生产。这不仅要求农业生产者具备敏锐的市场洞察力,还需要他们拥有灵活的生产调整能力。随着消费者对农产品品质、口感、营养价值的追求日益提升,农业生产者必须不断优化产品结构,引入新品种、新技术,以满足市场的多元化需求。同时,在激烈的市场竞争中,只有具备独特卖点的农产品才能脱颖而出。因此,农业生产者需要深入挖掘农产品的特色,如地域特色、文化特色、生态特色等,通过差异化策略提升农产品的市场竞争力。而市场导向的实施,不仅有助于提升农产品的市场占有率,还能促进农业产业链的延伸和升级,推动农业经济向更高层次发展。它是农业经济转型升级不可或缺的重要导向,引领着农业生产不断迈向新的高度。

2. 品牌建设

在农产品日益同质化的今天,品牌已成为消费者识别农产品品质、价值和文化内涵的重要标志。加强农产品品牌建设,不仅能够提升农产品的知名度和美誉度,还能通过品牌效应显著提升农产品的附加值和市场竞争力。品牌建设需要农业生产者树立强烈的品牌意识,将品牌建设纳入农业生产的整体规划之中。从农产品的种植、养殖到加工、包装、销售等各个环节,都要注重品质的提升和文化的融入,打造独具特色的农产品品牌。同时,品牌建设还需要借助现代营销手段,如互联网、社交媒体等,扩大品牌的影响力。通过线上线下的宣传推广,让更多人了解、认同并购买该品牌的农产品。此外,积极参与各类农产品博览会、展销会等活动,也是提升品牌知名度的有效途径。而品牌建设的成功,不仅能够为农业生产者带来可观的经济效益,还能推动整个农业产业的升级和发展。它如同一张金色的名片,展示着农业经济的魅力和活力,为农业经济的转型升级注入了强大的动力。

第四节 农业经济与农村发展的关系

一、农业经济对农村发展的支撑作用

(一)提供经济基础

农业经济作为农村经济体系的支柱,其稳健发展为农村的整体繁荣奠定了坚实的基础。农产品的生产、加工与销售构成了一个庞大的产业链,这一链条上的每一个环节都蕴藏着巨大的经济价值。从田间地头的播种、耕耘,到农产品的收获、加工,再到最终的市场销售,这一系列活动不仅直接创造了可观的经济收益,还间接拉动了农村地区的经济增长。农产品作为原材料,滋养了农村的工业和服务业,如农产品加工业、仓储物流业以及农村旅游业等,这些产业的兴起与发展,进一步丰富了农村的经济结构,拓宽了经济来源。此外,农业经济的繁荣还促进了农村市场的活跃。农产品的交易不仅满足了农民自身的生活需求,也为农村市场带来了更多的商品和服务,促进了市场的多元化和繁荣。这种经济活动的频繁发生,不仅增强了农村经济的内生动力,还提升了农村地区的经济活力和竞争力,为农村的全面发展提供了强有力的经济支撑。

(二)增加农民收入

随着农业科技的不断进步和市场的逐步拓展,农产品的产量和质量得到了显著提升,这不仅意味着农业生产效率的提高,更直接反映了农民收入的增加。高产优质的农产品能够带来更高的市场售价,从而增加农民的经济收入。同时,农业技术的进步也使得农业生产更加高效、便捷,降低了生产成本,进一步提高了农民的净收益。农民收入的增加,不仅改善了他们的物质生活条件,提高了生活质量,还增强了农民参与农村建设的积极性和能力。有了更多的经济支持,农民可以更加主动地投入到农村的基础设施建设、环境改善以及文化教育等公益事业中,为农村的全面发展贡献自己的力量。此外,农民收入的提升还促进了农村社会的稳定和和谐,减少了因经济贫困而引发的社会问题,为农村的可持续发展创造了良好的社会环境。

(三)促进基础设施建设

农业经济的发展,如同一股强大的推动力,驱动着农村基础设施建设的不断完善和升级。为了更好地服务于农业生产,满足农民日益增长的生活需求,农村地区在交通、水利、电力、通信等基础设施方面进行了大量的投入和改造。而交通设施的改善,如道路的拓宽、硬化以及交通网络的完善,极大地便利了农产品的运输和销售,缩短了农产品从田间到市场的距离,降低了物流成本,提高了农产品的市场竞争力。水利设施的升级,如灌溉系统的改造、防洪排涝工程的加强,有效保障了农业生产的稳定性和安全性,提高了农产品的产量和质量。电力和通信设施的普及,如农村电网的改造、宽带网络的覆盖,为农村提供了稳定可靠的能源供应和便捷的信息交流渠道,促进了农业生产的智能化和信息化,提升了农村的整体发展水平。这些基础设施的改善和升级,不仅为农业生产提供了更加优越的条件,也为农村社会的全面发展奠定了坚实的物质基础。农业经济与农村基础设施建设的良性互动,共同推动着农村向更加繁荣、富裕、文明的方向迈进。

二、农村发展对农业经济的推动作用

(一)提供生产要素

土地,作为农业生产的基础资源,其合理规划与高效利用是农业经济发展的关键。随着农村土地流转制度的不断完善,土地资源的配置更加灵活高效,为农业规模化、集约化经营提供了可能。同时,农村劳动力作为农业生产的直接参与者,其数量与质量直接影响着农业生产的效率与效益。农村发展促进了教育普及与技能培训,提升了农民的文化素质与专业技能,使得农业生产的人力资源得到了质的飞跃。劳动力结构的优化,不仅满足了现代农业对技术型、管理型人才的需求,也促进了农业生产方式的创新与升级,为农业经济的持续健康发展奠定了坚实基础。

(二)拓展市场空间

随着农村居民收入水平的稳步提升,消费结构也随之升级,从基本的生活需求转向了更高层次的品质追求。这一变化,直接推动了农产品市场的多元化与高端化发展。农村居民对优质、绿色、有机农产品的需求日益增长,为农业经济的转型升级提供了强大的市场需求动力。农产品生产者纷纷响应市场号召,调整产品结构,提升产品质量,以满足消费者日益挑剔的味蕾。同时,农村电商的蓬勃兴起,更是打破了地域限制,让农产品走出乡村,走向全国乃至全球市场,极大地拓展了农产品的销售空间,激发了农业经济的新活力。

(三)产业融合新模式

在农村经济蓬勃发展的背景下,农业不再孤立存在,而是与旅游、文化、教育等多个领域深度融合,共同编织出一幅幅产业融合的新画卷。农业旅游,让游客在体验田园生活的同时,也带动了农产品的直接销售与品牌传播;农业文化,将农耕文明与现代创意相结合,赋予了农产品更深的文化内涵与附加值;农业教育,则通过亲子农场、研学旅行等形式,让孩子们在玩乐中学习农业知识,培养了对农业的热爱与尊重。这些新业态与新模式的涌现,不仅丰富了农业经济的内涵,也拓宽了农业经济的增长路径。产业融合不仅提升了农业的综合效益,还促进了农村一二三产业的协同发展,为农业经济的转型升级开启了新的篇章。

第二章　农牧产业管理与经济策略

第一节　农牧产业管理的基本理论

一、经济学理论

(一)产业经济学理论

1. 产业关联分析

产业经济学作为经济学的一个重要分支,其核心在于探讨经济发展过程中产业间的关系结构以及产业内部企业组织结构的演变规律。这一理论框架为农牧产业管理提供了宏观视角和战略导向,帮助管理者深入理解农牧业在国民经济中的位置,以及与其他产业间的相互作用和依存关系。而产业关联分析是产业经济学理论的重要组成部分,它关注不同产业之间投入与产出的联系。在农牧产业管理中,这一分析有助于识别农牧业与上下游产业(如饲料生产、食品加工、物流运输等)之间的链接点,理解这些链接点如何影响农牧产品的成本、价格和市场竞争力。例如,通过分析饲料成本与畜牧业发展的关系,管理者可以调整饲料配方,降低生产成本,同时考虑饲料供应的稳定性,以确保畜牧业的持续发展。

2. 产业结构调整

产业结构调整是产业经济学理论的一个关键领域,它旨在通过调整产业内部各组成部分的比例关系,实现资源的高效配置和产业的升级转型。在农牧产业管理中,这意味着要根据市场需求、技术进步和资源禀赋的变化,适时调整种植业、畜牧业和渔业的比例，以及各产业内部不同品种或产品的结构。例如，随着消费者对绿色、有机农产品的需求增加，管理者可以引导农户转向种植有机作物，发展生态农业，以满足市场需求，同时提升农牧产业的整体价值。

3. 产业集聚与竞争力提升

产业集聚是产业经济学中的一个重要现象，它指的是相关产业在地理空间上的集中分布。在农牧产业管理中，产业集聚可以带来规模经济、知识溢出和协同创新等多重效应，有助于提升整个产业的竞争力。管理者可以通过规划产业园区、建设农业科技创新平台等方式，促进农牧产业的集聚发展，加强企业间的合作与交流，共同应对市场挑战。

（二）供应链管理理论

1. 供应链整合与优化

供应链整合是供应链管理理论的核心内容之一，它要求管理者从全局出发，对供应链上的各个环节进行统一规划和管理。在农牧产业管理中，这意味着要将农产品生产、加工、储存、运输和销售等环节紧密连接起来，形成一个高效协同的整体。通过整合供应链资源，管理者可以减少中间环节，降低物流成本，提高农产品的响应速度和市场竞争力。

2. 供应链风险管理

供应链风险管理是供应链管理理论中不可或缺的一部分，它关注供应链上可能面临的各种风险，并采取相应的措施进行预防和应对。在农牧产业中，供应链风险可能来自自然灾害、市场波动、政策变化等多个方面。管理者需要建立风险预警机制，制定应急预案，确保在风险发生时能够迅速响应，减少损失。同时，通过加强供应链上各节点的合作与沟通，共同分担风险，增强供应链的韧性。

3. 供应链信息化与智能化

随着信息技术的快速发展，供应链信息化与智能化成为供应链管理理论的新趋势。在农牧产业管理中,这意味着要利用物联网、大数据、人工智能等先进技术,实现供应链信息的实时采集、分析和共享。通过构建智能供应链系统,管理者可以更加精准地掌握农产品的生产情况、库存状态和市场需求,从而做出更加科学的决策。同时,智能化技术的应用还可以提高供应链的透明度和可追溯性,增强消费者对农产品的信任度。

二、管理学理论

(一)目标管理理论

1. 目标设定的科学性

目标管理理论,作为现代管理学的重要分支,其核心在于通过设定清晰、具体、可衡量的目标,来引导组织及其成员的行为,确保所有努力都聚焦于实现既定的成果。在农牧产业管理中,目标管理理论的应用尤为关键,它不仅为整个产业的健康发展指明了方向,还激发了农牧业从业者的内在潜能,推动了生产效率与经济效益的双重提升,目标设定的科学性是实施目标管理的首要前提。管理者需综合考虑市场趋势、资源条件、技术能力等多方面因素,制定出既具有挑战性又切实可行的生产目标、成本控制目标及市场拓展目标。这些目标应当具体量化,如"本年度粮食产量提高10%""饲料成本降低5%"等,以便于追踪进度、评估成效。

2. 目标分解与责任落实

目标一旦确定,接下来便是将其层层分解,细化到各个生产环节、部门乃至个人,形成一套完整的目标体系。这一过程要求管理者具备高度的系统思维能力,确保每个小目标都与总体目标紧密相连,同时明确责任主体,确保每项任务都有人负责、有人监督。通过责任制的建立,可以有效避免工作中的推诿扯皮,提高工作效率。

3. 激励与反馈机制

目标管理理论强调激励的重要性,认为合理的激励机制能够激发人的积极性和创造力。在农牧产业管理中,管理者应设计多元化的激励方案,包括物质奖励(如奖金、提成)、精神激励(如荣誉表彰、职位晋升)以及职业发展机会等,以满足不同从业者的需求。同时,建立有效的反馈机制,定期评估目标完成情况,及时给予正面或负面的反馈,帮助从业者调整策略,持续改进。

4. 灵活调整

农牧产业受自然因素、市场波动影响较大,因此目标管理过程中必须保持灵活性,根据实际情况适时调整目标。管理者应具备敏锐的市场洞察力和快速响应能力,当外部环境发生变化时,能够迅速调整生产计划和目标设定,确保产业持续健康发展。

(二)组织行为学理论

1. 个体行为分析

在农牧产业中,个体的工作态度、能力、动机等直接影响着工作效率和团队氛围。组织行为学理论帮助管理者分析从业者的个性特征、需求偏好,从而制定出更加人性化的管理策略。例如,通过了解员工的职业发展规划,提供针对性的培训和发展机会,增强员工的归属感和忠诚度。

2. 群体动力学

群体动力学指研究群体内部的相互作用、冲突与合作机制。在农牧产业管理中,管理者应关注团队构建,通过团队建设活动、沟通机制的设计,促进成员间的有效沟通与合作,形成积极向上的团队文化。同时,对于团队中出现的冲突,管理者应运用冲突管理技巧,及时化解矛盾,维护团队和谐。

3. 领导行为探索

领导是组织行为中的关键要素,不同的领导风格对团队绩效有着深远影响。组织行为学理论中提供了多种领导理论,如变革型领导、交易型领导等,管理者可根据实际情况选择最适合的领导方式。例如,在农牧产业中,面对技术更新快、员工素质参差不齐的情况,采用变革型领导,通过愿景激励、个性化关怀等方式,更能激发员工的创新精神和团队协作能力。

4. 组织文化与变革管理

组织文化是组织的灵魂,它深刻影响着成员的行为模式和价值观念。在农牧产业管理中,构建与产业特点相匹配的组织文化,如强调创新、注重团队协作的文化氛围,对于提升组织效能至关重要。同时,面对行业变革,管理者需运用变革管理理论,合理规划变革路径,有效沟通变革愿景,减少变革阻力,确保组织顺利转型。

第二节　农牧业经济管理的原则与实践

一、农牧业经济管理的原则

农牧业经济管理原则在促进农牧业可持续发展、提高资源利用效率、优化产业结构及增强市场竞争力等方面发挥着重要作用。这些原则确保了农牧业生产活动的科学性、规范性和有效性,有助于实现农牧业经济效益、社会效益和生态效益的和谐统一。遵循这些原则,能够引导农牧业向着更加高效、绿色、可持续的方向发展,为农村经济发展注入新的活力,提升农牧民的生活水平,保障国家粮食安全,其主要包含市场导向、可持续发展、技术应用、区域合理分工、产业整体构建、尊重农民意愿等原则,如图2-1所示。

(一)市场导向原则

在快速变化的市场环境中,农牧业必须紧密跟踪市场动态,精准把握消费者需求的变化趋势。这意味着,农牧业的生产结构、品种选择以及生产规模都需要根据市场的实际需求进行灵活调整。通过深入的市场调研和数据分析,管理者能够预测未来市场的走向,从而提前布局,确保生产出的产品能够迅速占领市场,满足消费者的多元化需求。同时,市场导向原则还强调产品的差异化竞争,鼓励农牧业企业开发具有独特卖点的产品,以提升市场竞争力。这一

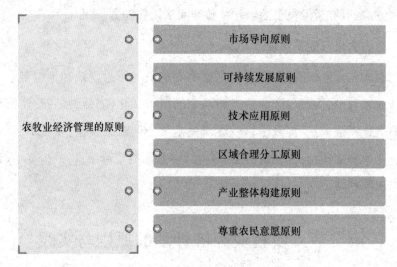

图 2-1　农牧业经济管理的原则

原则的实施,不仅要求管理者具备敏锐的市场洞察力,还需要建立健全的市场信息反馈机制,确保生产决策与市场需求保持高度一致,从而实现产销对接,减少库存积压,提高经济效益。

(二)可持续发展原则

面对日益严峻的资源环境压力,农牧业必须走绿色、循环、低碳的发展道路。这意味着,在生产过程中要最大限度地节约水资源、土地资源和能源,减少化肥、农药等化学物质的使用,减少对环境的污染。同时,要积极推广生态种植、养殖技术,如有机农业、循环农业等,实现资源的循环利用和废弃物的无害化处理。可持续发展原则还强调保护生物多样性,维护生态平衡,确保农牧业生产的长期稳定性。为了实现这一目标,管理者需要制定长远的发展规划,将环境保护纳入生产决策的全过程,通过技术创新和制度创新,推动农牧业向更加绿色、生态的方向发展,为后代留下宝贵的自然资源。

(三)技术应用原则

在农牧业生产实践中,技术的革新与应用能够显著提升生产效率,使得同样的资源投入能够产出更多的优质产品。通过引入现代化的种植技术、养殖技术、病虫害防治技术以及农产品加工技术等,可以大幅度提高农产品的产量和质量,满足市场对高品质农产品的需求。同时,技术的应用还能有效降低生产成本,通过精准施肥、智能灌溉、自动化喂养等手段,减少资源的浪费,提高资源的利用效率。在激烈的市场竞争中,技术的领先就是产业的领先,掌握并应用先进技术的农牧业企业,能够更快地响应市场变化,开发出更具竞争力的产品,从而在市场中占据有利地位。因此,农牧业经济管理必须高度重视技术应用原则,通过政策引导、资金支持、技术培训等多种方式,推动技术的普及与应用,为农牧业的持续健康发展提供强大的技术支撑。

(四)区域合理分工原则

我国地域辽阔,各地区的气候条件、资源禀赋和产业基础差异显著。因此,在农牧业发展中,必须根据各地区的实际情况,合理划分生产区域,形成特色鲜明、优势互补的产业发展格局。这意味着,各地区应充分发挥自身的比较优势,如有的地区适合发展种植业,有的地区则适合发展畜牧业;有的地区擅长生产高端农产品,有的地区则擅长提供初级农产品。通过区域合理分工,可以实现资源的优化配置和产业的协同发展,避免盲目竞争和资源浪费。同时,各地区之间还应加强合作与交流,共同构建农牧业产业链和供应链,提高整体竞争力。管理者在制定区域发展规划时,应充分考虑各地区的实际情况和发展需求,确保政策措施的针对性和有效性。

(五)产业整体构建原则

产业整体构建原则在农牧业经济管理中占据核心地位,它强调了对农牧业产业链的全面整合与优化。这一原则要求管理者具备全局视野,不仅要关注农牧业生产本身,更要将目光投向产业链的上下游,包括种植、养殖、加工、流通等多个环节。通过促进这些环节的紧密衔接,可以形成高效的产业协同效应,提升整个农牧业产业链的价值和竞争力。在实践中,产业整体构建原则意味着要打破传统农牧业生产中的孤立状态,推动种养业与加工业、流通业的深度融合。例如,通过建立农牧产品加工园区,将生产基地与加工企业紧密连接,可以实现原料的就近供应和产品的快速转化,降低物流成本,提高产品附加值。同时,加强流通体系的建设,如完善冷链物流网络,可以确保农牧产品的新鲜度和市场覆盖范围,进一步提升产业的整体效益。此外,产业整体构建原则还强调了对产业结构的优化调整。管理者应根据市场需求和资源禀赋的变化,灵活调整种养结构,发展特色农牧业,以满足消费者日益多样化的需求。通过产业的整体构建,不仅可以提升农牧业的经济效益,还能促进农村经济的全面发展,为农牧民提供更多的就业机会和增收渠道。

(六)尊重农民意愿原则

在实践中,尊重农民意愿原则意味着要赋予农民更多的选择权和决策权。政府和管理者应通过市场带动、信息服务等多种途径,为农民提供全面、准确的信息支持,帮助他们了解市场动态、掌握先进技术、提高生产效率。同时,要尊重农民生产经营方式的选择,鼓励他们根据自身条件和市场需求,灵活调整生产结构,发展适合自己的农牧业生产模式。此外,尊重农民意愿原则还要求管理者在推进农牧业现代化进程中,注重保护农民的合法权益。在土地流转、产权改革等方面,应确保农民的知情权和参与权,避免损害农民的利益。通过建立健全农民利益保护机制,可以让农民在农牧业发展中获得更多的实惠和保障,从而激发他们的生产积极性和创造力,为农牧业经济的持续发展注入强大的动力。

二、农牧业经济管理的实践

(一)生产结构调整

1. 市场需求导向下的结构调整

在市场需求导向下,生产结构调整应紧密围绕消费者需求进行。通过市场调研和分析,了解消费者对农牧产品的需求偏好和消费趋势,从而指导生产结构的调整。例如,随着人们对健康食品的追求,有机农牧产品逐渐成为市场热点。因此,农牧业生产者可以适时调整生产结构,增加有机产品的种植和养殖比例,以满足市场需求,提高产品附加值。同时,生产结构调整还应考虑地域特色和资源优势。不同地区具有不同的自然条件和资源禀赋,发展特色农牧业可以充分利用这些优势,形成独特的产业竞争力。如某些地区适宜种植特定作物或养殖特定畜禽,通过发展这些特色产业,可以形成品牌效应,提高产品知名度和市场占有率。

2. 资源条件约束下的结构调整

在生产结构调整过程中,必须充分考虑土地、水资源、气候等自然条件的限制。例如,在水资源匮乏的地区,应优先发展节水型农牧业,减少水资源消耗;在土地资源有限的地区,则应通过提高土地利用效率,发展高效农牧业。此外,生产结构调整还应考虑生态环境保护的需求。农牧业生产活动对生态环境有一定影响,不合理的生产结构可能导致生态破坏和环境污染。因此,在调整生产结构时,应注重生态保护,推广生态农牧业模式,实现经济、社会和生态效益的协调发展。

3. 生产结构调整的主要方式

实施生产结构调整需要企业和农户等多方面的共同努力。企业应积极参与生产结构调整,通过技术创新和产业升级,提高农牧业生产的效率和产品质量。此外,企业还应加强与农户的合作,形成产业链上下游的紧密衔接,共同推动生产结构的优化升级。而农户作为农牧业生产的主体,也应积极参与到生产结构调整中来。通过学习和掌握先进的农牧业技术和管理经验,提高自身的生产能力和市场竞争力。同时,农户还应根据市场需求和资源条件,灵活调整生产结构,发展适合自己的特色产业。

（二）推广先进农牧业先进技术

1. 新品种的推广与应用

新品种的推广是农牧业技术进步的重要组成部分。通过引进和培育高产、优质、抗逆性强的新品种，可以显著提高农牧产品的产量和品质。例如，在种植业中，推广高产抗逆作物品种，可以有效应对气候变化和病虫害等挑战；在养殖业中，引进优良畜禽品种，可以提高畜禽的生长速度和肉质品质。新品种的推广需要科研机构和企业的共同努力。科研机构应积极开展新品种的选育工作，为农牧业生产提供优质的种质资源；企业则应积极参与新品种的推广和应用，通过示范带动和技术培训等方式，帮助农户掌握新品种的种植和养殖技术。

2. 新技术的推广与应用

随着科技的不断进步，许多新技术在农牧业领域得到了广泛应用，如智能化养殖技术、精准农业技术、生物技术等。这些新技术的应用可以显著提高农牧业生产的自动化水平和精准度，降低生产成本和劳动强度。而智能化养殖技术通过应用物联网、大数据等现代信息技术，实现对畜禽生长环境的实时监测和精准调控，提高畜禽的生长效率和健康水平。精准农业技术则利用遥感、地理信息系统等技术手段，对农田进行精准管理，提高农作物的产量和品质。生物技术则在育种、病虫害防治等方面发挥着重要作用，为农牧业生产提供有力的技术支持。

3. 新模式的推广与应用

随着市场需求和消费模式的变化，传统的农牧业生产模式已经难以适应新的发展需求。因此，推广新型农牧业生产模式，如循环农业、生态农业、休闲农业等，成为提升农牧业经济效益和生态效益的有效途径。而循环农业通过实现资源的循环利用和废弃物的资源化利用，降低生产成本和环境污染；生态农业则注重生态环境保护和生态平衡，提高农牧产品的品质和安全性；休闲农业则结合旅游观光和农牧业生产,为消费者提供独特的农牧业体验。这些新模式的推广不仅可以提高农牧业的经济效益和生态效益,还可以促进农牧业的多元化发展,为农牧民提供更多的增收渠道。

(三)促进产业化经营

1. 推动种养业与加工环节的融合

种养业是农牧业的基础,而加工环节则是提升农产品价值的关键。为了促进两者的深度融合,应鼓励农牧业企业向加工领域延伸,通过自建加工厂或与合作加工企业建立紧密合作关系,实现种养业与加工环节的无缝对接。这样不仅可以减少中间环节,降低物流成本,还能确保原材料的质量和安全,为生产高品质农产品提供有力保障。

2. 构建高效的流通体系

流通是连接生产与消费的桥梁,也是实现农牧业产业化的关键环节。为了构建高效的流通体系,应加强对农产品流通网络的规划和建设,完善仓储、运输、配送等基础设施,提高农产品的流通速度和效率。同时,还应积极推动农产品电子商务的发展,利用互联网平台拓宽销售渠道,打破地域限制,让农产品走向更广阔的市场。

3. 注重产业化品牌建设

在产业化经营中,品牌建设和市场营销同样至关重要。通过打造具有地域特色和产品优势的农产品品牌,可以提升产品的知名度和美誉度,增强消费者的购买意愿。同时,还应加强市场营销策划,通过参加农产品展销会、开展促销活动等方式,提高产品的市场占有率和竞争力。

(四)加强市场体系建设

1. 加强市场信息服务与监管

市场信息服务是引导农牧业生产合理布局和有序发展的重要手段。为了提供准确、及时的市场信息,应建立健全农产品价格监测预警系统、供求信息发布平台等,为农牧业生产者提供决策依据。同时,还应加强对市场的监管力度,打击囤积居奇、哄抬价格等违法行为,维护市场秩序和公平竞争环境。

2. 推动农牧业与国际市场接轨

在全球化背景下,农牧业的发展不能局限于国内市场,而应积极寻求与国际市场的接轨。通过参与国际贸易、引进国外先进技术和管理经验等方式,可以提升农牧业的国际竞争力,拓宽农产品的出口渠道。同时,还应加强对国际农产品市场的监测和分析,及时调整出口策略,确保农产品在国际市场上的稳定供应和良好声誉。

第三节　农牧业市场分析与营销策略

一、农牧业市场的全面分析

(一)市场规模与增长

近年来,全球农牧业市场展现出了强劲的增长势头,这一趋势与全球人口增长、经济持续发展以及居民生活水平的显著提升密不可分。以中国农牧业市场为例,其作为全球最大的农牧产品生产和消费国之一,行业总产值节节攀升,显著增长的背后是国家政策的有力支撑,包括对农业现代化的持续投入、对农牧业科技创新的鼓励,以及对农牧产品市场流通体系的完善。同时,农业技术的进步,如智能化种植、精准养殖等技术的应用,极大地提高了农牧业的生产效率和产品质量,进一步推动了市场的扩张。此外,随着全球经济一体化的深入,国际市场对农牧产品的需求也在不断增加,为中国农牧业提供了更广阔的市场空间。

(二)消费者健康意识提升

在当今社会,随着人们生活水平的提高和健康知识的普及,消费者的健康意识显著增强。这种变化直接反映在了农牧产品的消费选择上,消费者越来越倾向于选择那些具有健康属性和高营养价值的农牧产品。例如,低脂、高蛋白的肉类产品,以及富含膳食纤维、维生素和矿物质的果蔬产品,都成了市场上的热门选择。这种消费趋势的转变,不仅要求农牧业生产者调整产品结构,增加健康食品的生产,还促使他们更加注重产品的品质和安全,以满足消费者对健康生活的追求。同时,这也为农牧业带来了新的发展机遇,推动了行业向更加绿色、健康、可持续的方向发展。

(三) 市场竞争格局

1. 行业集中度提高

随着农牧业规模化、标准化、集约化发展的不断推进,行业的集中度正在逐步提高。大型企业凭借其雄厚的资金实力、先进的技术水平和强大的品牌影响力,正在逐步占据市场的主导地位。这些企业通过整合产业链资源,优化生产流程,提高生产效率,从而降低了生产成本,增强了市场竞争力。同时,大型企业还积极拓展国际市场,参与全球农牧业产业链的分工与合作,进一步提升其国际竞争力。这种行业集中度的提高,有助于推动农牧业的产业升级和转型,促进整个行业的健康发展。

2. 品牌竞争加剧

在市场需求不断升级的背景下,品牌已成为农牧业企业竞争的重要焦点。消费者在购买农牧产品时,除了关注产品的品质和价格外,还越来越注重品牌的知名度和美誉度。因此,农牧业企业纷纷加大品牌建设和营销力度,通过提升产品质量、优化包装设计、加强售后服务等方式,努力打造具有独特竞争力和市场影响力的品牌。这种品牌竞争的加剧,不仅推动了农牧业产品的品质提升和服务优化,还促进了行业内的优胜劣汰,有助于构建更加公平、有序的市场竞争环境。同时,品牌竞争也激发了企业的创新活力,推动了农牧业向更加多元化、个性化的方向发展。

二、农牧业营销的主要策略

（一）产品策略

1. 提高产品品质

在农牧业营销中,随着消费者对健康、绿色、有机等高品质农产品的需求日益增长,企业应加大在这方面的投入,通过改进种植技术、优化养殖环境、严格质量控制等手段,提升产品的整体品质。同时,增加高品质、高附加值产品的比重,如有机蔬菜、精品肉类、特色农产品等,以满足消费者对高品质生活的追求。这种策略不仅能够提升企业的品牌形象,还能在激烈的市场竞争中脱颖而出,赢得消费者的信任和忠诚。而提高产品品质还意味着要注重产品的安全性和可追溯性。在农牧业生产过程中,应严格遵守国家相关法律法规,确保产品的生产、加工、运输等环节都符合安全标准。通过建立完善的产品追溯体系,消费者可以清晰地了解产品的来源、生产过程和质量信息,从而增强对产品的信任感。这种透明化的管理方式,不仅有助于提升企业的社会责任感,还能进一步巩固消费者对企业的忠诚度。

2. 创新产品研发

在农牧业营销中,面对日益多样化的消费者需求,农牧业企业必须加大研发投入,不断开发新品种、新技术、新产品,以满足市场的多元化需求。这包括研发具有独特口感、营养价值的农产品,以及开发适合不同消费群体、不同消费场景的产品系列。创新产品研发还需要注重与科技的融合。随着科技的不断发展,农牧业企业可以运用现代生物技术、信息技术等手段,提升产品的科技含量和附加值。例如,通过基因编辑技术培育出抗病虫害、高产优质的作物品种;利用物联网技术实现农产品的智能化管理和精准营销。这些科技的应用不仅能够提升产品的品质和竞争力,还能为企业开辟新的市场空间,引领消费潮流。此外,创新产品研发还应注重与消费者的互动和反馈。通过市场调研、消费者体验等方式,收集消费者对产品的意见和建议,及时调整产品研发方向,确保产品能够真正满足消费者的需求。这种以消费者为中心的研发模式,有助于提升企业的市场敏感度和响应速度,为企业的长期发展奠定坚实基础。

(二)价格策略

1. 差异化定价

在农牧业营销中,差异化定价策略是一种高效且灵活的市场手段,它依据产品品质、市场需求、竞争状况等多重因素,为不同产品或服务设定差异化的价格。这一策略的核心在于精准识别并满足消费者的多样化需求,通过价格杠杆实现市场细分和定位。例如,对于高端农牧产品,如有机食品、绿色认证产品等,由于其生产成本高、品质卓越,可以采用高价策略,以彰显其独特价值和稀缺性,吸引追求高品质生活的消费者。而对于大众市场产品,则可通过成本领先策略,以更具竞争力的价格吸引广大消费者,扩大市场份额。而差异化定价还要求企业密切关注市场动态,及时调整价格策略以应对竞争环境的变化。在激烈的市场竞争中,企业可以通过价格歧视策略,如地区定价、时间定价等,灵活应对不同市场和消费群体的需求差异,实现利润最大化。此外,结合产品生命周期的不同阶段,采取相应的定价策略也至关重要。如在产品引入期,为了快速占领市场,可能采取低价渗透策略;而在成熟期,则可能通过提价或推出高端产品线,进一步挖掘市场潜力。

2. 促销策略

促销策略是农牧业营销中不可或缺的一环,它通过打折、赠品、优惠券等多种手段,直接刺激消费者的购买欲望,有效提升产品销量。打折是最直接的促销方式,通过降低产品价格,吸引价格敏感型消费者,促进销量快速增长。但打折需谨慎使用,避免损害品牌形象,造成消费者等待打折的心理预期。而赠品策略则通过赠送与产品相关或具有吸引力的物品,增加消费者的购买价值欲望,促进销售的同时,也能增强品牌忠诚度。例如,购买特定农牧产品赠送烹饪食谱或健康指南,既提升了消费者体验,又传递了品牌健康生活的理念。其中,优惠券作为一种延期支付手段,能够激发消费者的未来购买意愿,促进重复购买。通过线上平台发放电子优惠券,或在线下活动中分发实体券,都能有效吸引消费者关注,促进销售转化。此外,结合节假日、纪念日等特殊时间点,开展主题促销活动,也能显著提升促销效果,营造节日氛围,增强消费者的购买热情。

(三) 渠道策略

1. 多元化渠道布局

随着互联网的快速发展,线上电商平台已成为不可忽视的销售渠道。农牧业企业应积极拥抱数字化转型,通过自建电商平台或入驻第三方电商平台,将产品推向更广阔的市场。同时,利用社交媒体、短视频等新媒体平台,进行产品宣传和推广,吸引更多潜在消费者。除了线上渠道,线下实体店和农贸市场也是重要的销售场所。企业可以在城市中心或人口密集区域开设专卖店或直销店,提供面对面的产品展示和咨询服务,增强消费者的购买体验。此外,与农贸市场、批发市场等合作,将产品销往更多地区,满足不同地区消费者的需求。而多元化渠道布局还要求企业根据产品特点和市场需求,灵活调整渠道组合。例如,对于新鲜果蔬等易腐产品,可以通过冷链物流系统直接配送到超市或餐饮企业;对于干货、调味品等耐储存产品,则可以通过电商平台或实体店进行销售。通过科学合理的渠道布局,企业可以实现销售渠道的互补和协同,提升整体销售效率。

2. 加强渠道合作

在农牧业营销中,超市、餐饮企业等渠道商是连接产品和消费者的桥梁,具有广泛的销售网络和客户资源。与这些渠道商建立长期合作关系,可以实现资源共享、优势互补,共同推动产品的销售和市场拓展。为了加强与渠道商的合作,农牧业企业应注重提升产品质量和服务水平。通过提供优质的产品和贴心的服务,赢得渠道商的信任和认可,从而建立稳固的合作关系。同时,企业还可以与渠道商共同开展促销、品牌推广等营销活动,提升产品的知名度和美誉度,吸引更多消费者。此外,企业应定期与渠道商进行沟通交流,了解市场需求和销售情况,及时调整产品策略和销售计划。同时,与渠道商共同探索新的销售模式和渠道拓展方式,如开展社区团购、直播带货等新兴业态,以更加灵活多样的方式满足消费者需求,提升市场竞争力。

(四)农牧业营销的服务策略

1. 完善售后服务

在农牧业营销中,完善的售后服务体系是构建消费者信任与忠诚的关键环节。这不仅关乎产品使用过程中的问题解决,更是品牌形象与口碑传播的重要途径。企业应设立专门的售后服务团队,通过多渠道(如电话、网络、实体店等)为消费者提供及时、专业的咨询与解答服务。对于消费者反馈的产品问题,应迅速响应,明确解决方案,并跟踪处理结果,确保消费者满意。售后服务不仅限于问题解决,还应包括产品使用指导、保养建议等增值服务。通过定期回访、满意度调查等方式,主动了解消费者需求与体验,不断优化服务流程与质量。此外,建立消费者投诉处理机制,公正、透明地处理消费者投诉的问题,将负面反馈转化为改进服务的契机,展现企业对消费者权益的尊重与保护。完善的售后服务还能促进口碑营销,满意的消费者会成为品牌的忠实传播者,通过社交媒体、亲朋好友等渠道分享正面体验,为企业带来免费的品牌曝光与潜在客户。因此,售后服务不仅是成本支出,更是长期投资,其带来的品牌价值与市场份额增长不可小觑。

2. 定制化服务

随着消费者需求的日益多样化与个性化,农牧业营销中的定制化服务成为吸引消费者、提升竞争力的新趋势。定制化服务意味着企业能够根据消费者的具体需求,提供量身定制的产品或服务方案,满足其独特偏好与需求。实现定制化服务,需要深入了解目标市场与消费者群体,通过市场调研、数据分析等手段,洞察消费者的需求差异与潜在需求。而且,企业应具备灵活的生产与供应链体系,能够快速响应消费者定制需求,实现从设计、生产到交付的高效流程。此外,定制化服务还涉及个性化营销,即根据消费者特征,定制营销策略与沟通方式,提高营销信息的精准度与吸引力。并且,定制化服务的优势在于,它能够创造独特的消费者体验,增强品牌与消费者之间的情感连接,提升消费者满意度与忠诚度。同时,定制化服务也是企业差异化竞争的重要手段,通过满足消费者个性化需求,企业在激烈的市场竞争中脱颖而出,实现可持续发展。因此,农牧业企业应积极探索与实践定制化服务,以创新驱动市场增长,赢得未来市场的主动权。

第四节　成本控制与财务管理在农牧业中的应用

一、成本控制在农牧业中的应用

(一)原材料成本

在农牧业生产中,为了有效控制原材料成本,农牧业企业需要采取一系列策略。与供应商建立长期合作关系是其中的关键。通过与供应商保持稳定的合作,企业可以获得更优惠的价格和更可靠的供货保障,从而降低原材料的采购成本。此外,批量采购也是降低原材料成本的有效途径。通过一次性购买大量原材料,企业可以享受数量折扣,进一步降低单位成本。同时,企业还应密切关注市场动态,把握原材料价格的波动趋势,合理安排采购时机,以最低的价格购入所需原材料。为了持续降低原材料成本,农牧业企业还可以积极寻求替代材料或开发新的原材料来源,通过多元化采购策略,实现对原材料成本的有效控制。

(二)人力成本

为了降低人力成本,企业需要从人员配置、培训和激励机制等方面入手。合理的人员配置是降低人力成本的基础。企业应根据生产需求,科学安排员工岗位,避免人员冗余和浪费。同时,通过引入自动化、智能化设备,可以大幅减少人工需求,降低人力成本。例如,使用自动喂养系统、智能灌溉设备等,可以显著提高生产效率,减少人力投入。此外,培训也是提升员工工作效率、降低人力成本的重要手段。通过定期举办技能培训和知识讲座,企业可以提升员工的专业技能和综合素质,使其能够更好地适应生产需求,提高工作效率。同时,建立有效的激励机制,如设立绩效奖金、提供晋升机会等,可以激发员工的工作积极性和创造力,进一步提高劳动生产率,降低人力成本。

(三)管理成本

企业应梳理现有管理流程,去除烦琐的环节和不必要的程序,提高管理效率。并引入先进的管理信息系统,如 ERP 系统、财务管理软件等,可以实现信息的快速传递和处理,减少人为错误和重复工作,进一步降低管理成本。而且,企业应避免管理层级过多导致的决策效率低下和信息传递失真等问题。通过精简管理层级和人员配置,可以加快决策速度,提高管理效率,从而降低管理成本。此外,企业还应加强对管理人员的培训和考核,提升其管理能力和专业素养,确保管理成本的有效控制。

(四)规模经济

规模经济是降低农牧业生产成本的重要途径,通过扩大生产规模,企业可以降低单位产品的固定成本,如土地租赁费、设备折旧费等。为了实现规模经济,农牧业企业可以考虑合作社或合作经营的模式。通过与其他企业或个人合作,共享资源和设备,可以降低生产成本,提高生产效率。例如,多个牧场可以联合采购饲料、共同使用机械设备等,从而降低采购成本和设备使用成本。同时,合作社或合作经营模式还可以促进技术交流和信息共享,提升整个行业的生产水平和竞争力。此外,企业还可以通过兼并、收购等方式扩大生产规模,实现资源的优化配置和成本的进一步降低。在扩大生产规模的过程中,企业应注重管理水平的提升和技术的创新,以确保规模经济的实现和持续发展。

二、财务管理在农牧业中的应用

(一) 资金筹集

在农牧业领域,资金筹集是财务管理的首要环节,它直接关系着生产活动的顺利进行和企业的持续发展。为了筹集到充足的资金,农牧业企业应积极拓展融资渠道,采取多元化的融资方式。政府补贴作为一种政策性的资金支持,对于降低企业成本、提高生产效率具有重要意义。企业应密切关注政府相关政策,积极申请各类补贴,以减轻资金压力。同时,银行贷款作为传统的融资方式,具有资金量大、使用灵活等特点,可以满足农牧业生产中的大额资金需求。企业应根据自身信用状况、还款能力等因素,合理选择银行贷款产品和贷款期限,确保资金使用的稳定性和可持续性。此外,股权融资也是一种有效的融资方式,通过引入外部投资者,不仅可以筹集到资金,还可以带来先进的管理理念和市场资源,促进企业快速发展。在资金筹集过程中,农牧业企业还应注重融资成本的控制。通过比较不同融资方式的利率、手续费等成本,选择成本最低的融资方案。同时,企业还应加强与金融机构的沟通与合作,建立良好的信用关系,提高融资效率和成功率。

(二) 资金使用

为了确保资金的高效利用,企业应制订详细的资金使用计划,根据市场需求和季节变化,合理安排生产计划和资金投入。在生产过程中,企业应加强对原材料采购、生产成本、销售费用等各项开支的控制和管理,避免资金浪费和短缺。同时,企业还应注重资金的流动性管理,确保资金在需要时能够及时到位,满足生产运营的需要。而为了实现资金的高效利用,农牧业企业还应加强预算管理。通过编制年度、季度或月度预算,明确各项开支的预算额度和使用时间,对资金进行精细化管理。在执行预算过程中,企业应定期对预算执行情况进行分析和评估,及时发现和纠正预算执行中的偏差,确保预算目标的实现。此外,企业还应注重资金使用的风险管理。通过建立完善的风险评估体系,对资金使用过程中可能面临的风险进行识别和评估,并采取相应的风险应对措施,降低资金使用的风险。

(三)财务监督

为了确保资金使用的合规性和有效性,企业应建立完善的财务监督体系,对农牧业生产过程中的各项开支进行严格的监督和控制。通过定期审计、成本核算等方式,对资金的流向、使用效率和效果进行全面了解和掌握。在财务监督过程中,企业应注重对各项开支的合规性审查。通过核对原始凭证、审查会计账簿和财务报表等方式,确保各项开支符合相关法律法规和企业内部规定。同时,企业还应加强对成本核算的管理,通过制定合理的成本核算方法和标准,准确核算各项成本,为企业的成本控制和盈利分析提供准确的数据支持。此外,企业还应注重财务监督的及时性和有效性。通过建立定期的财务报告制度,及时向管理层和相关部门提供财务信息,帮助管理层及时了解企业的财务状况和经营成果,为企业的决策提供依据。同时,企业还应加强对财务监督人员的培训和管理,提高其专业素养和职业道德水平,确保财务监督工作的质量和效果。

(四)财务决策

在农牧业财务管理中,财务决策是企业经营和发展的关键环节。基于财务数据的分析,企业可以制订科学合理的经营计划和发展战略,为企业的长期发展奠定坚实基础。通过财务分析,企业可以评估不同投资项目的收益和风险,选择最优的投资方案,提高资金的使用效率和投资回报率。同时,财务分析还可以帮助企业了解自身的财务状况和经营成果,为企业的成本控制、盈利分析和预算管理提供有力支持。在制定财务决策时,企业应注重数据的收集和分析。通过建立健全的财务信息系统,及时收集和整理各项财务数据,为财务分析提供准确的数据基础。同时,企业还应运用先进的财务分析工具和方法,对数据进行深入挖掘和分析,揭示数据背后的规律和趋势,为企业的决策提供有力支持。此外,企业还应注重财务决策的前瞻性和创新性。通过关注市场动态和行业发展趋势,结合企业自身的实际情况和发展目标,制定具有前瞻性和创新性的财务决策。这不仅可以提高企业的市场竞争力,还可以为企业的长期发展注入新的动力和活力。同时,企业还应加强对财务决策的执行和监督,确保决策的有效实施和及时调整,为企业的稳健发展提供有力保障。

第三章　水产养殖技术与产业发展

第一节　水产养殖的概述与分类

一、水产养殖的内涵

(一)水产养殖的方式

水产养殖,作为人为控制下的水生动植物繁殖、培育和收获活动,是现代农业的重要组成部分。它不仅涵盖了从苗种到水产品的全过程人工饲养管理,还广义地包含了水产资源的增殖。水产养殖的方式多样,既有依赖于天然环境的粗养模式,如在中小型天然水域中投放苗种,依靠天然饵料自然养成,湖泊水库养鱼和浅海养贝便是典型代表;又有更为精细化的精养模式,该模式在较小水体中通过投饵、施肥等方法,如池塘养鱼、网箱养鱼和围栏养殖,实现对水产品的高效培育;还有高密度精养则是通过流水、控温、增氧和投喂优质饵料等先进技术,在小水体中达到高密度养殖的目的,从而大幅提升产量,流水高密度养鱼、虾等即为此类养殖的典范。这些多样化的养殖方式,不仅满足了市场对水产品多样化的需求,也推动了水产养殖技术的不断进步和产业的持续发展。

(二)综合养殖的原理

水产综合养殖,作为水产养殖领域的一种创新模式,其核心在于养殖废物的再利用和资源的优化配置。近年来,西方学者提出的多营养层次综合养殖理念,便是通过构建养殖生物间的营养链,将一种生物的养殖废物转化为另一种生物的食物来源,实现了养殖系统的内部循环和生态平衡。而在我国,综合养殖模式不仅限于营养关系的利用,更涵盖了多种生态关系和经济目的的整合。例如,通过养殖种类或养殖亚系统间的功能互补或偏利作用,平衡水质,减少病害发生;利用不同养殖生物的合理组合,实现对养殖水体资源的充分利用,提高单位水体的产出效率;同时,生态防病也是综合养殖的重要目标之一,通过构建健康的养殖生态系统,增强养殖生物的抗病力,减少药物使用,保障水产品的安全和品质。这些综合养殖模式的实践,不仅提升了水产养殖的经济效益,也促进了水产养殖业的可持续发展,为现代水产业的绿色发展提供了有力支撑。

二、水产养殖的分类

(一)按养殖水域分类

1. 淡水养殖

淡水养殖主要在内陆的淡水水域进行,如池塘、湖泊、水库、河沟、稻田等。淡水养殖品种丰富,包括鱼类(如青鱼、草鱼、鲢鱼、鳙鱼、鲤鱼等)、甲壳类(如罗氏沼虾、青虾、克氏原螯虾等)、贝类(如河蚌、螺、蚬等)以及其他水生动物和植物。

2. 海水养殖

海水养殖主要在海洋或沿海地区进行,包括浅海滩涂、深海、港湾等水域。海水养殖品种同样多样,包括鱼类(如鲈鱼、大黄鱼、石斑鱼等)、甲壳类(如南美白对虾、斑节对虾、梭子蟹等)、贝类(如牡蛎、贻贝、扇贝等)以及藻类(如海带、紫菜等)。

(二)按养殖对象分类

1. 鱼类养殖

鱼类养殖,作为水产养殖领域中的中流砥柱,不仅历史悠久,而且种类繁多,涵盖了淡水鱼类和海水鱼类两大类别。淡水鱼类养殖,如鲤鱼、鲫鱼、草鱼等,多集中在内陆地区的池塘、水库和湖泊中,它们以适应性强、生长迅速、肉质鲜美而著称。而海水鱼类养殖,则主要分布在沿海地区,如鲈鱼、石斑鱼、大黄鱼等,这些鱼类因其独特的海洋风味和营养价值,深受消费者喜爱。鱼类养殖不仅为人们提供了丰富的蛋白质来源,还带动了相关产业链的发展,如饲料生产、鱼病防治、水产品加工等。随着养殖技术的不断进步,鱼类养殖正向着更加高效、环保、可持续的方向发展,如循环水养殖、智能化养殖等新型养殖模式的兴起,为鱼类养殖业的转型升级注入了新的活力。

2. 虾蟹类养殖

虾蟹类养殖,以其高附加值和独特的风味,在水产养殖中占据了一席之地。南美白对虾、罗氏沼虾等虾类,以其肉质细嫩、味道鲜美而广受欢迎,是餐桌上的佳肴。而梭子蟹、青蟹等蟹类,更是以其肥美的蟹黄和鲜嫩的蟹肉,成了海鲜市场中的"贵族"。虾蟹类养殖对水质、饲料和养殖技术有着较高的要求,因此,养殖者需要不断学习和掌握新的养殖技术,以确保养殖的规模和效益。同时,虾蟹类养殖也带动了相关产业的发展,如苗种繁育、病害防治、冷链物流等,形成了完整的产业链条。随着消费者对高品质水产品的需求不断增加,虾蟹类养殖的前景将更加广阔。

3. 贝类养殖

贝类养殖,作为水产养殖中的重要组成部分,以其独特的食用价值和经济价值,受到了广泛的关注。牡蛎、贻贝、扇贝等贝类,不仅肉质鲜美,还富含多种对人体有益的营养成分,如蛋白质、维生素、矿物质等。贝类养殖主要分布在沿海地区,利用海洋的自然资源,通过人工养殖的方式,实现贝类的规模化生产。贝类养殖不仅为人们提供了健康美味的水产品,还带动了沿海地区的经济发展,为渔民提供了增收致富的途径。同时,贝类养殖还有助于改善海洋环境,如牡蛎等贝类能够吸收海水中的营养物质,减少富营养化现象的发生。随着贝类养殖技术的不断进步和市场的不断拓展,贝类养殖业将迎来更加美好的发展前景。

4. 藻类养殖

藻类养殖,作为水产养殖中的新兴领域,以其独特的营养价值和广泛的应用前景,受到了越来越多的关注。海带、紫菜等藻类,富含碘、钙、铁等多种对人体有益的微量元素和膳食纤维,是健康饮食的重要组成部分。同时,藻类还是许多工业产品的重要原料,如琼脂、卡拉胶等,广泛应用于食品、医药、化妆品等领域。藻类养殖主要利用海洋的自然资源和光照条件,通过人工培养的方式,实现藻类的规模化生产。随着人们对健康食品和环保产品的需求不断增加,藻类养殖业将迎来更加广阔的发展空间。同时,藻类养殖还有助于减少碳排放,缓解全球气候变暖等环境问题,具有重要的生态意义和社会价值。

(三)水产养殖按养殖方式分类

1. 精养

在精养模式下,养殖者会充分利用水域资源,通过科学的养殖技术和管理手段,确保养殖对象在最佳的生长环境中快速、健康地成长。这种养殖方式通常涉及高密度投放苗种,配合先进的饲料配方和投喂技术,以及定期的水质监测和疾病防控措施。精养的优势在于能够最大化地利用水域空间,提高单位面积的产量,同时通过精细管理降低养殖风险,确保养殖对象的品质和产量。然而,精养也需要较高的投入,包括先进的养殖设施、专业的技术团队和严格的管理制度,以确保养殖过程的顺利进行。为了实现精养的高效益,养殖者需要不断学习和掌握新的养殖技术和管理理念,不断优化养殖模式和操作流程。

2. 粗养

粗养是一种相对简单、低投入的水产养殖方式,它主要依赖于水域的自然生产力进行养殖。在粗养模式下,养殖者通常选择水域环境相对较差、设施简陋的地点进行养殖,通过低密度投放苗种,让养殖对象在自然环境中自由生长。这种养殖方式不需要过多的人为干预,主要依靠水域中的天然饵料和微生物来维持养殖对象的生长需求。粗养的优势在于投入低、风险小,适合资金有限或养殖经验不足的养殖者。然而,由于粗养模式下的养殖对象生长速度较慢,产量相对较低,且品质可能受到水域环境因素的影响,因此其经济效益也相对有限。尽管粗养模式在经济效益上可能不如精养模式,但它在某些特定情况下仍具有其独特的优势。例如,在生态环境较为脆弱或需要保护的水域,粗养模式可以减少对水域环境的破坏,实现生态养殖和可持续发展的目标。

3. 单养

单养是水产养殖中一种在同一水域中只养殖一种养殖对象的养殖方式。这种养殖方式的优势在于管理相对简单,养殖者可以专注于单一品种的养殖技术和管理要点,提高养殖效率和产量。在单养模式下,养殖者可以根据养殖对象的生长习性和需求,制订针对性的养殖计划和管理措施,确保养殖对象的健康生长。同时,由于只养殖一种品种,养殖者可以更容易地控制养殖过程中的疾病和虫害,降低养殖风险。而单养模式也存在一定的市场风险。由于只依赖单一品种的产量和品质,一旦市场对该品种的需求发生变化或价格波动较大,养殖者的经济效益可能会受到较大影响。因此,在选择单养模式时,养殖者需要充分考虑市场需求和竞争情况,选择具有市场竞争力和消费潜力的养殖对象进行养殖。同时,还需要不断关注市场动态和消费者需求的变化,及时调整养殖策略和产品定位,以应对市场的不断变化。

4. 混养

在混养模式下,不同养殖对象之间可以相互利用、相互补充,形成良性的生态循环。例如,某些鱼类可以食用水中的浮游生物和有机碎屑,而它们的粪便又可以作为其他养殖对象的饵料,从而实现资源的循环利用和减少废弃物的排放。混养模式不仅可以提高资源利用率,还可以降低养殖风险。由于养殖了多种品种,即使某种养殖对象受到疾病或虫害的影响,其他品种仍然可以正常生长和产出,从而减少对整体经济效益的影响。同时,混养模式下的养殖对象通常具有不同的生长周期和市场需求,养殖者可以根据市场情况灵活调整养殖策略和产品组合,以满足市场的多样化需求。

5. 工厂化养殖

工厂化养殖是水产养殖中一种采用现代化的设施和技术手段,在人工控制的环境下进行养殖的方式。这种养殖方式具有高效、稳定、可控等优点,是现代水产养殖业的重要发展方向。在工厂化养殖模式下,养殖者会利用先进的养殖设施和技术手段,如自动化投喂系统、水质监测系统、疾病防控系统等,对养殖对象进行精细化的管理和控制。工厂化养殖的优势在于能够最大化地提高养殖效率和产量,同时确保养殖对象的品质和安全性。通过人工控制养殖环境,养殖者可以精确地调控水温、水质、光照等条件,为养殖对象提供最佳的生长环境。同时,自动化和智能化的养殖设备可以大大提高养殖过程的精准度和效率,降低人为因素导致的养殖风险。此外,工厂化养殖还可以实现养殖废弃物的资源化利用和零排放,符合现代生态养殖和可持续发展的理念。

第二节　现代水产养殖技术进展与应用

一、淡水水域网围养殖技术

(一)湖泊网围生态养蟹

1. 水域选择及设施建造

(1)网围区选择

要求网围区的土质和底泥以黏土结构最为适宜,淤泥层不超过 15 厘米,底部平坦。常年水深保持在 1.2 米以上,风浪平缓,流速不高于 0.1 米/秒;透明度大于 30 厘米。水质符合《无公害食品淡水养殖用水水质》的要求,水草茂盛,以苦草、轮叶黑藻、金鱼藻等为主。底栖动物丰富,水质清新,正常水位在 80~

150 厘米。网围面积以 20~30 亩为宜,根据地形,采用椭圆形、圆形或圆角方形。

（2）网围建造

网围结构由聚乙烯网片、细绳、竹桩、石笼和地笼网组成。网围高度应高出常年水深 1.5 米以上,网目为 2.5~3.0 厘米。施工时先按设计网围面积,用毛竹或木桩按桩距 3~4 米插入泥中,显出围址与围形;把聚乙烯网片安装到上下两道纲绳上,且下纲吊挂上用小石块灌制成的直径为 15 厘米左右的石笼。沿着竹桩将装配好的网片依序放入湖中,下纲采用地锚插入泥中,下纲石笼应踩入底泥。上纲再缝制 40 厘米高的倒檐防逃网。采用双层网围,外层网目为 3.0 厘米,内层网目为 2.5 厘米,并在两层网围之间及网围外设置地笼。

（3）暂养区

网围区设一暂养区,以保证养殖河蟹的回捕率、规格,且利于保护好网围内的水草资源。暂养区为单网结构,上设倒网,下端固定埋入湖底,暂养区占网围面积的 10%~20%。

（4）轮牧式放养

为了保护湖泊的自然生态环境,在网围养殖区采用轮牧式放养方式。轮牧式放养是湖泊网围养殖技术的创新。轮牧放养方式分为两种形式:其一为年度轮养,即每年空出 30% 左右的面积作为网围轮休区,进行苦草、轮叶黑藻、伊乐藻等优质水草的人工栽培、人工移植和自然康复,同时进行螺、蚬等底栖生物的增殖,加速资源的康复和再生,恢复湖泊水体生态环境,第二年再进行放养利用;其二为季节性轮养,即在年初网围内全面移植水草和螺、蚬,放养对象先用网拦在一个有限的空间内,随着放养对象和水草、螺、蚬等的同步生长,分阶段逐步放养利用。

2. 苗种放养

（1）放养前的准备

对网围养蟹危害较大的鱼类有乌鳢、鲤鱼、草鱼等,这些鱼类不但与河蟹争食底栖动物和优质水草,有的还会吞食蟹种和软壳蟹。蟹种放养前,采用地笼、丝网等各种方法消灭网围中的敌害生物。在网围内清除敌害生物后开始投放螺蛳。螺蛳投放的最佳时间是每年的 2 月底到 3 月中旬。螺蛳的投放量为 400~800 千克/亩,让其自然繁殖。当网围内的螺蛳资源不足时,要及时增补,确保网围内保持足够数量的螺蛳资源。而网围中良好的水域环境和丰富的适口天然饵料是生态养殖河蟹成败的关键,网围内水草覆盖面积应保持在 90% 以上。水草覆盖面积不足 2/3 的网围区,应补充种植水草。水草在每年的 3 月种植,种类以伊乐藻、苦草、轮叶黑藻等为主。根据网围内水草的生长情况,不定期地割掉水草老化的上部,以便其及时长出嫩草。

(2)蟹种选择与放养

选择长江水系河蟹繁育的蟹种,同一网围内放养的蟹种,要求性腺未成熟,规格整齐,爬行敏捷,附肢齐全,指节无损伤,无寄生虫附着,并且要一次放足。蟹种放养规格为 60~100 只/千克,放养密度为 300~500 只/亩。放养时间为 2~3 月。放养应选择天气晴暖、水温较高时进行。放养时先将蟹种经 3%~4% 食盐溶液浸泡 5~10 分钟消毒。蟹种先放养于培育区内培育,至 4 月中旬蟹种第一次蜕壳前,水草生长茂盛时拆除培育区。

(3)鱼种放养

为了充分利用水体生态位以及保持水体良好的生态环境,提高经济效益,除了主养殖蟹模式外,许多湖泊还采取套养部分鱼种的放养模式。放养种类为鲫鱼或翘嘴红鲌鱼种及鲢鱼、鳙鱼等。放养规格为每尾 8~10 厘米,或者每尾平均体重 100~250 克的 2 龄翘嘴红鲌鱼种,鲢鱼、鳙鱼规格为每尾 125~167克。放养量为:鲫鱼或翘嘴红鲌每亩 15 尾,鲢鱼、鳙鱼每亩 30~50 尾。鱼种要求规格整齐,体质健壮,鳞片完整,无寄生虫。鱼种放养前需经 3% 的食盐水溶液浸泡 10~20 分钟。鲢鱼、鳙鱼放养时间为 2 至 3 月,鲫鱼种放养时间为 5 月至 6 月,翘嘴红鲌鱼种放养时间为 3 月至 4 月。

3. 饲养管理

(1)饲料种类

饲料分为植物性饲料(玉米、小麦、豆饼及各种水草等)和动物性饲料(螺蛳、河蚌以及小杂鱼等),质量应符合《无公害食品 渔用配合饲料安全限量》

的要求。

（2）投喂方法

蟹种放养初期以投喂动物性饲料为主,7—9月以投喂植物性饲料为主,8月中旬后,增投动物性饲料,9月中旬开始,以投喂动物性饲料为主。每天投喂2次,7:00—8:00投喂全天投喂量的2/5;18:00投喂全天投喂量的3/5。每日投喂量为蟹体质量的3%~8%,根据河蟹生长的营养需求和网围区水质及天然饵料的情况进行适当调节,投喂后以20分钟基本摄食完毕为宜,并根据天气、水温、水质状况、网围中水草的数量及摄食情况灵活掌握,合理调整。黄豆、玉米、小麦,要煮熟后再投喂。鲜活动物性饲料,要消毒后立即投喂。

（3）日常管理

经常巡视,观察鱼、蟹的活动和生长情况,并定期进行体表检查,发现异常及时采取措施。检查网围设施,发现问题及时解决。汛期期间密切注意水位上涨情况,及时增设防逃网。台风季节要加固网围设施,严防逃蟹。检查地笼内是否有河蟹进入,了解河蟹外逃情况,加强防盗防逃管理。及时捞出垃圾、残草、残饵。勤洗网衣,保持网围内外水体交换通畅。水草不足时,及时补充栽种或移植;水草过多时,及时割去移走。记好养殖日志。

4. 收获、暂养与运输

河蟹收获时间,从9月下旬至11月上旬。鱼类的收获时间为河蟹捕捞结束后,从11月中旬至12月底。成蟹采用丝网、地笼网和灯光诱捕。鳜鱼或翘嘴红鲌采用丝网和地笼网捕捞。采用大拉网捕捞鲢鱼、鳙鱼。将起捕的成蟹放在暂养箱内暂养待售,暂养期间投喂适量玉米等饲料。而且,将经挑选符合市场需求的商品蟹,装在蒲包或网袋内,采用干法进行运输。

（二）湖泊网围养殖团头鲂

1. 网围养殖区的选择

养殖区应选择在无污染、水域宽敞、水草茂盛、透明度大、常年水深保持在1.0~1.5米、风浪平缓、有一定流速、流速一般小于0.1米/秒、远离航道和进排水河口的水体,水质符合《无公害食品淡水养殖用水水质》的标准。底部平坦,土质与底泥以黏壤土为好,底部淤泥层不超过 15 厘米,底栖生物丰富。

2. 网围建造

网围形状为圆角长方形或正方形。网围面积以 1~3 公顷为宜。网围总高度为湖区最高水位的 1.2~1.5 倍。采用 3 厘米×3 厘米的聚乙烯网线制成的网片,网目为 2 厘米。网围采用双层网结构,内外层间隔 2 米以上,以利于小船行驶。内层网的底纲采用石笼沉入湖底,插入泥中。石笼用 4 厘米×6 厘米×8 厘米的小石块灌制而成,直径在 12 厘米以上。外层网底采用地锚形式插入泥中固定。竹桩采用梅花桩的形式,桩距为 2 米。建成的网围应留活门,以便于船只进出。

3. 鱼种放养

选择团头鲂"浦江 1 号"鱼种。时间为 12 月至翌年 2 月,用 3% 的食盐水浸洗 15 分钟。鱼种规格要求大而整齐,鱼体健康,无伤无病。

4. 饲料投喂

(1)饲料种类

全价配合颗粒饲料的质量符合《饲料卫生标准》和《无公害食品 渔用配合饲料安全限量》的要求。3—5 月饲料蛋白质含量 30%;6—11 月饲料蛋白质含量 28%。由于团头鲂喜食水草,在自然界中能获得足够的维生素 C,而在高密度养殖条件下,应在配合颗粒饲料中添加 0.2%~0.4% 的维生素 C,以提高鱼的抗病力,促进生长,减少药物使用。若网围外部有丰富的水草,可以适当捞些水草补充饲料。

(2)饲料分配

全年饲料总量=团头鲂鱼种尾数×1.5 千克饲料/尾+异育银鲫鱼种尾数×1.15 千克饲料/尾+草鱼种尾数×7.5 千克饲料/尾。根据鱼体质量的变化和各生长阶段的水温,确定各月份不同投喂量和每天投喂次数。各月份饲料分配量和日投喂次数情况见表 3-1。

表 3-1　各月份饲料分配量和日投喂次数

月份	1	2	3	4	5	6	7	8	9	10	11	12
分配量百分比/%	0	0	2	7	9	14	17	18	22	10	1	0
月投喂次数/%	0	0	2	3	3	4	4	4	4	3	1	0

按计划投喂能做到投足不投多,减少饲料浪费和防止鱼吃食不足。当天投喂量应根据天气和上一天吃食情况适当增减。

(3)投喂方式

采用机械投饲,坚持定质、定量、定位、定时的原则。

5.日常管理

定期检查网围是否倾倒,网衣是否有破损,底纲、地锚或石笼是否有松动,底铺网是否严密无缝隙。而且,要清除残饵和悬浮杂物,经常更换食台位置,保持食台周围环境洁净。并且,要观察鱼群活动、摄食、病害情况,以便及时采取相应的技术措施。此外,应严禁船只沿网围航行,以保护网围安全和良好的生态环境。不仅如此,鱼种拉网、运输、过数和进箱时,操作要谨慎,切勿使鱼种受伤。

6.捕捞及其销售运输

从9月中旬开始拉网捕捞,11月份捕捞结束。而养殖常规鱼类,冬季捕捞上市相对集中,往往鱼价较低,先出售套养的、价格相对较低的花白鲢,团头鲂、鲫鱼等囤养至价格看好时出售。也可以在鱼价相对较高的9—10月,提前拉网捕捞,出售规格较大的团头鲂和鲫鱼。

二、海水池塘健康养殖技术

(一)池塘场地的选择及结构

池塘场地的选择因养殖种类、采用的养殖方式以及养殖者的经济状况而异,一般建在潮流通畅、风浪较小的内湾或河口沿岸的潮间带中、高潮区或潮上带,可结合自然条件挖、筑成或利用废盐田改建。以附近自然海区海水为养殖水源。而养殖池规格一般视养殖场规模而定,大的不到 1 公顷;有时也视养殖对象而定,一些品种如海蜇养殖池塘宜大不宜小,面积在 2 公顷以上。池塘排列呈"非"字形,设排水闸及相应水渠。养殖池多为长方形,池深 1.5～2.0米,长边应与主要季节风向平行,以减轻风浪冲刷池坝。于短边池坝上设进、排水闸。池内有中心沟与环沟,沟深较滩面深 30～50 厘米,沟底不能低于闸底,以利于排水。

(二)苗种放养前准备

1. 池塘清淤整治

海水池塘经过 1 年的使用后,池塘中积累了大量淤泥,而淤泥是造成池塘老化、低产、疾病发生的重要原因之一,必须在苗种放养前清除。首先干塘、晒池,然后清淤、整治,达到全池堤坝规整,无漏穴,池底平坦。在整塘时要针对综合养殖要求,在塘底做特殊处理,以适应养殖对象各自对栖息环境的要求。如北方的虾池养殖刺参,需投放人工参礁、石块等;梭子蟹养殖池,要铺设 10厘米左右细沙以利于梭子蟹栖息;对于养殖缢蛏、泥蚶等滩涂贝类的池塘,应当根据其生活特性修建蛏(蚶)田。

2. 清塘消毒

养殖池塘在放苗前 30 天左右,选择一个晴天进行清塘消毒。常用清塘药物有生石灰、漂白粉等,一般干池清塘每亩用生石灰 75 千克或漂白粉 10 千克,带水清塘每亩按水深 1 米计算用生石灰 150 千克或漂白粉 15 千克。施用时将生石灰放在船上或容器中,一面往里泼水溶化,一面趁热向池塘泼洒,漂白粉则在容器中溶化后立即全池均匀泼洒。

3. 进水、施肥培养基础生物饵料

根据水质状况和放苗时间适时进水,水质要达到《无公害食品海水养殖用水水质》标准的要求,进水时加过滤网袋,防止野杂鱼类随水入池。由于池水

经消毒后比较清瘦,不宜立即投放养殖对象苗种。因此,在放苗前 15～20 天需进行肥水,培养基础生物饵料。肥水采用经过发酵的有机肥和无机肥培养水质,新、老池塘施肥用量有所不同,具体施肥方法可根据不同养殖品种的设施情况与放养密度灵活掌握。待池塘水色逐渐变为黄绿色或浅绿色,池水的透明度达到 30～40 厘米时,停止施肥。以后视水色变化情况决定追肥方式。

(三)苗种选择及放养

养殖生产所需苗种应来源于持有水产苗种生产许可证的正规国家级或省级苗种繁育场,育苗期不使用违禁药物,所用药物浓度严格控制。或者选择不同海域的健康亲体培育出来的苗种,然后再进行严格筛选。苗种质量应符合国家的有关标准。而不同品种的投苗季节有所不同,放苗时间应选择在晴天的上午或傍晚进行,切勿在中午太阳暴晒时放苗或在雨天放苗。放养密度根据养殖对象、养殖模式、池塘条件、饲料、苗种规格和放养时间等具体条件而决定。放苗点应设在池水的上风处。放苗方法视养殖对象而定。放苗时应注意育苗池与养成池的温度和盐度差别,要把温差控制在 1℃,盐度差控制在 2 以内,24 小时温差控制在 3℃、盐度差控制在 3 以内。为使虾蟹苗尽快适应养成池的水质环境,可把装有苗种的袋子先浮在水面上,使袋内外的温度趋于平衡,再打开袋子,向袋内缓慢加入池水,直到向外溢出,让苗种逐渐自行进入水中,以提高苗种的成活率。贝苗要均匀撒播,切忌成堆。

(四)养成管理

1. 水质管理

养鱼池塘应保持水深在 1.5 米以上,透明度在 30～40 厘米,pH 值为 7.5～8.5,池内氨氮含量应控制在 0.02 毫克/升以下。通过适量换水、开机增氧、使用微生物制剂和底质改良剂、定期消毒水体来调节养殖水质。尽可能减少养殖废水的排放量,排放养殖废水必须达到国家关于养殖废水排放的标准后方可进行排放。将水温、盐度、pH 值、碳酸盐碱度、营养盐因子和有益微生物等保持在相对合理稳定的水平,以避免出现应激反应造成对生物的伤害,导致各种继发性疾病暴发。

2. 饲料及投喂

(1)饲料质量要求

饲料质量应符合《饲料卫生标准》《无公害食品　渔用配合饲料安全限量》和《饲料和饲料添加剂管理条例》要求。不使用无产品质量标准、无质量检验合格证、无生产许可证和产品批准文号的饲料及添加剂;不使用变质和过期的配合饲料;购进的饲料应有供货商提供的有资质的检验机构出具的检验报告,必要时进行验证。而且,不在饲料中添加禁用的药物和其他添加剂,在没有专业技术人员指导的情况下,不擅自在配合饲料中添加药物。并且,应使用未加工的动物性饲料,应进行质量检查,不使用腐烂、变质和受污染的鲜活饵料。此外,采集、购进的青绿饲料,须确保干净无毒。

(2)投饲

1)方法

投喂饲料应采取"四定"投喂方法,投喂时要遵循"慢—快—慢""少—多—少"的原则,同时还要根据养殖对象的摄食习性特点,进行合理投喂,在保证养殖个体生长需要的同时,提高饲料利用率,尽量减少饲料的浪费及对养殖环境的污染。如蟹类,不要遍池塘均匀地投喂,而是沿池塘四周投喂。对于虾、蟹混养池塘,要先投喂蟹饲料,1小时后,再投喂虾饲料;而对鱼、虾混养的池塘则应提前0.5～1.0小时投喂鱼饲料,然后再投喂虾饲料,以减少互相争食。

2)投喂量

投喂量以无残饵或稍有残饵为宜,防止残饵过多而引起水质恶化。为便于及时了解养殖对象摄食情况,可在池中设置食台供检查用:若投饵后2小时,在食台上仍有剩余饵料,则需减少投喂量。投喂量应根据池塘水质、摄食活动及当日天气、水温高低等情况灵活掌握。若投喂鱼饲料,当80%以上的鱼吃饱离开后即可停喂。对虾的投饲量,根据其体质量按比例计算,投饲前后需检查有无残饵。

3)饲料粒径大小

对虾以投喂人工配合饲料为主,根据不同养殖生长阶段,选用粒径不同的饲料。

3. 巡塘及日常管理

监测池塘水质状况、水位变化及有无异味,观察水色、透明度等,判断水质肥瘦,定期测量池水盐度、水温、pH 值、氨氮等水质指标,以保持水质正常。同时注意天气变化,适时开机增氧。在天气闷热、气温剧变及黎明之前,尤其要注意防止缺氧。雨天、闷热天气夜间要加强巡塘。观察增氧机的运转情况,防止池塘漏水、溢水,防偷、防逃及防泛池浮头。对台风、赤潮和暴雨引起的水质突变(盐度变化尤为重要),应及时采取有效措施。而且,每隔 10～15 天对养殖对象随机抽样,进行 1 次生长检测,包括生长速度、存活率,并结合生长情况确定和调整投喂量。并且,巡塘时要注意观察养殖对象的摄食与活动状况,在投喂 2 小时后,通过检查塘内残饵情况,及时调整投饲量。食毕之后要清理食台,保持食台清洁卫生。通过观察养殖对象的摄食、活动等情况,力求做到疫病早发现、早治疗,及时捞出死亡个体,发现有病个体,立即检查病因并及时治疗。如见异常活动个体,查出原因后及时采取相应有效措施。此外,应检查池塘的堤坝、闸门有无漏洞,各种设施是否安全,及时清除杂草并消灭池塘中的敌害生物。另外,做好养殖生产日志,记录当天水质、天气、投饵、消毒、防病和治病用药及生长状况等各项情况。

第三节 水产养殖的疾病预防与治疗

一、水产养殖的疾病预防

（一）苗种选择与检疫

苗种的选择与检疫是水产养殖疾病预防的第一道防线，养殖生产者应当高度重视，务必从持有《水产苗种生产许可证》的正规育苗场购买苗种。这样的育苗场通常具备完善的生产管理和质量控制体系，能够确保苗种的健康和品质。在购买时，养殖者还需仔细核对苗种是否具备水产苗种产地检疫合格证，这是苗种健康的重要证明。放养前，对苗种进行细致的筛选是必不可少的步骤，要剔除那些病弱、受伤的苗种，以减少潜在的疾病风险。此外，根据苗种的实际情况，选择适当的兽药进行药浴也是预防疾病的有效手段。通过这一系列措施，可以从源头上把控苗种的质量，为水产养殖的健康奠定坚实基础。

（二）环境消毒

对养殖水体、设施和工具进行定期消毒是预防水产养殖疾病的重要措施，养殖者应当制订详细的消毒计划，并严格执行。池塘清整是消毒的基础工作，包括清理池底淤泥、去除杂草等，以减少病原体的藏身之处。网衣清洗消毒也是必不可少的步骤，可以防止病原体通过网衣传播给鱼类。此外，水源水的消毒同样重要，可以确保进入养殖系统的水不携带病原体。在发病养殖场及周边环境，更应进行彻底消毒，以防止病原体的扩散和蔓延。通过全面的环境消毒工作，可以切断疾病的传播途径，保护养殖生物免受病原体的侵害。

（三）养殖密度与饲料管理

过高的养殖密度会导致鱼类应激反应增加，降低其免疫力，从而增加疾病传播的风险。因此,养殖者应当根据养殖品种、水体条件等因素,合理确定养殖密度,确保鱼类有足够的活动空间。同时,提供营养全面的饲料也是增强鱼类体质和免疫力的关键。饲料应当包含鱼类所需的各种营养成分,如蛋白质、脂肪、维生素等。此外,饲料的储存也十分重要,应储存在干燥、通风的地方,避免变质和发霉。通过合理调控养殖密度和饲料管理,可以确保鱼类的健康成长,提高其抗病能力。

二、水产养殖的疾病治疗

(一)准确诊断

在水产养殖中,养殖者需运用多种手段对病鱼进行全面而细致的检查。现场调查是初步了解疾病情况的重要环节,通过观察养殖环境、养殖生物的活动状态及摄食情况等,可以初步判断疾病的类型和严重程度。目检则是通过对病鱼的外观、体表症状及行为异常进行直接观察,进一步缩小疾病范围。实验室检测则是利用先进的仪器和技术,对病鱼进行更为深入和精确的诊断,如细菌培养、病毒检测、寄生虫鉴定等,以确定具体的病因和病情。而准确诊断不仅能够为后续的药物治疗提供科学依据,还能够避免盲目用药导致的药物滥用和误用。养殖者在诊断过程中应保持细心和耐心,不放过任何一个可能的细节,以确保诊断结果的准确性和可靠性。同时,养殖者还应不断学习和掌握新的诊断技术和方法,提高自身的诊断能力和水平,为水产养殖的疾病治疗提供有力保障。

(二)药物治疗

养殖者应根据诊断结果,选择针对性强、疗效确切的药物进行治疗。抗生素是常用的治疗药物之一,对于细菌性感染具有较好的治疗效果。然而,在使用抗生素时应严格控制剂量和用药时间,避免产生耐药性和药物残留问题。消毒剂则常用于杀灭水体中的病原体,减少疾病的传播机会。中草药作为天然药物,具有抗菌、消炎、增强免疫力等多重功效,且不易产生耐药性,是水产养殖中值得推广的治疗药物。在使用药物时,养殖者应严格按照说明书规定的剂量和方法使用,不可随意增减剂量或改变用药方式。同时,要注意药物的休药期规定,确保水产品在上市前停药时间足够长,以避免药物残留对人体健康造成危害。此外,养殖者还应密切关注药物的副作用和不良反应,及时调整用药方案,确保治疗效果和养殖生物的安全。

(三)环境改善

水产养殖中的疾病往往与养殖环境密切相关。因此,在治疗疾病的同时,改善养殖环境是不可或缺的环节。养殖者应根据养殖生物的需求和疾病类型,采取相应的措施调节水质。例如,通过换水、增氧、使用水质改良剂等方式,保持水质清洁、稳定,为养殖生物提供良好的生存环境。增加溶氧是提高水质的重要手段之一,可以通过增加曝气设备、使用增氧剂等方式实现。减少养殖密度则能够降低病原体的滋生和传播机会,有助于疾病的控制和康复。除了水质调节外,养殖者还应关注养殖环境的其他方面。例如,定期清理养殖池底的淤泥和残饵,减少病原体的滋生;保持养殖设施的清洁和完好,避免设施破损导致的病原体入侵;合理投喂饲料,避免过量投喂导致的饲料残留和水质恶化等。通过这些措施的实施,可以营造出一个健康、稳定的养殖环境,为养殖生物的疾病康复提供有力支持。

(四)隔离与淘汰

在水产养殖中,隔离治疗是将患病生物与健康生物分开,避免疾病的进一步传播。养殖者可以设立专门的隔离池或隔离网箱,对患病生物进行单独治疗和观察。在治疗过程中,应密切关注患病生物的恢复情况,及时调整治疗方案,确保其早日康复。对于无法治愈或病情严重的养殖生物,应及时进行淘汰处理。淘汰处理不仅是为了防止疾病的进一步扩散和蔓延,也是为了保护其他健康养殖生物的安全。养殖者在淘汰处理时应遵循相关的环保和卫生规定,确保处理过程不会对环境和人体健康造成危害。同时,养殖者还应及时总结疾病发生的原因和教训,加强养殖管理,提高养殖生物的抗病能力和免疫力,为未来的水产养殖提供有力保障。

第四节 水产养殖的可持续发展策略

一、养殖系统创新

(一)循环水养殖系统

1. 系统构建与运行

在现代水产养殖行业中,循环水养殖系统作为一种创新的养殖模式,正逐渐展现出其在可持续发展方面的巨大潜力。该系统通过一系列技术手段,实现了养殖水的循环利用,不仅大幅减少了水资源的消耗,还有效降低了废水排放,对环境保护起到了积极作用。而循环水养殖系统的构建,首先需要考虑的是养殖池的设计与布局。养殖池应具备良好的密封性,以防止外部污染物的进入,同时便于进行水质管理和监控。系统内部则通过安装过滤设备、生物处理装置以及消毒装置等,对养殖水进行净化处理。过滤设备用于去除水中的悬浮物和有机物,生物处理装置则利用微生物的降解作用,进一步转化水中的有害物质。消毒装置则确保水质的安全,杀灭潜在的病原体。在运行过程中,循环水养殖系统通过不断循环养殖水,实现了水资源的最大化利用。养殖水在经过净化处理后,重新流回养殖池,为养殖生物提供清洁的生活环境。这种循环模式不仅减少了新鲜水的需求,还降低了废水的排放,实现了养殖与环保的双赢。

2. 环境控制与效益提升

循环水养殖系统还注重环境控制,通过精确调节水质参数,如温度、pH值、溶解氧等,为养殖生物创造最适宜的生长环境。这种精细化的管理,不仅提高了养殖生物的存活率和生长速度,还显著提升了养殖产品的品质。此外,循环水养殖系统还带来了显著的经济效益。由于减少了水资源的消耗和废水的处理成本,养殖成本得到了有效控制。同时,养殖产品的品质提升,也带来了更高的市场售价和更好的消费者口碑,进一步增加了养殖户的收入。

(二)气体交换技术

1. 增氧方式与设备

增氧是气体交换技术的核心,常见的增氧方式包括机械增氧、生物增氧和化学增氧等。机械增氧主要是通过使用增氧机、曝气器等设备,将空气中的氧气强制溶入水中。生物增氧则利用水生植物、藻类等进行光合作用,释放氧气。化学增氧则是通过添加化学药剂,如过氧化钙等,来增加水中的氧气含量。在实际应用中,养殖户需要根据养殖生物的种类、养殖密度以及水质状况等因素,选择合适的增氧方式和设备。同时,还需要注意增氧的时机和频率,以确保水体中的氧气含量保持在适宜范围内。

2. 病原体控制与养殖效益

提高水体中的氧气含量,不仅可以促进养殖生物的生长,还能有效降低病原体的生长。氧气是微生物进行生命活动所必需的,但过高的氧气浓度会抑制一些厌氧菌和病原体的生长。因此,通过合理控制水体中的氧气含量,可以创造一个有利于养殖生物生长、不利于病原体繁殖的环境。此外,良好的气体交换还有助于提高养殖效益。养殖生物在充足的氧气供应下,食欲旺盛、生长迅速,养殖周期缩短,从而提高了养殖效率。同时,养殖产品的品质也得到了提升,如肉质更加鲜美、营养价值更高,进一步增加了养殖户的收入。

二、物种选择与合理饲养

(一)适应当地环境的物种

1. 环境适应性是物种生存的基础

选择适应当地环境的物种,意味着这些物种能够在当地的水质、气候、温度等条件下苗壮成长。它们对环境的适应性强,抗病能力强,减少了因环境不适而引发的疾病和死亡,从而降低了养殖过程中的风险。这种选择,避免了因盲目引进外来物种而可能带来的生态破坏,维护了当地生态系统的平衡。

2. 天然食物链的融入:降低饲料成本

适应当地环境的物种,往往能够利用当地的天然饵料作为食物来源。这不仅减少了人工饲料的使用,降低了养殖成本,还减少了因饲料残留而对环境造成的污染。同时,这些物种在食物链中的位置,也决定了它们能够更有效地转化食物为自身生长所需的能量,提高了饲料的利用率。

3. 生态与经济的双重效益

选择适应当地环境的物种进行养殖,不仅符合生态养殖的理念,也带来了显著的经济效益。养殖成本的降低,意味着养殖者可以获得更高的利润空间。同时,由于这些物种更符合市场需求,养殖产品的品质也得到了保证,进一步提升了养殖者的市场竞争力。

(二)建立健全的检疫制度

1. 加强饲养管理

饲养管理是检疫制度的基础,养殖者需定期对养殖环境进行清洁和消毒,确保水质、底质等符合养殖要求。同时,要合理控制养殖密度,避免过度饲养导致的环境恶化和疾病传播风险增加。通过科学的饲养管理,可以从源头上减少疾病的发生和传播。

2. 定期检疫与监测

建立健全的检疫制度,意味着养殖者需定期对养殖物种进行检疫和监测。这包括观察养殖物种的生长状态、行为习性等,以及通过实验室检测来排查潜在的病原体。如果发现异常情况,需立即采取隔离、治疗等措施,防止疾病在养殖群体中扩散。

3. 疾病防控知识的普及与培训,提升养殖者素质

检疫制度的实施,还需要养殖者具备相应的疾病防控知识。因此,加强对养殖者的培训和教育,提升他们的疾病防控意识和能力,是建立健全检疫制度不可或缺的一环。通过培训,养殖者可以更加科学地管理养殖过程,有效应对各种疾病挑战。

三、生态复制

(一)仿生技术

在水产养殖中,仿生技术如同一缕清风,为行业的可持续发展带来了全新的思路。这一技术,核心在于模仿自然界的精妙设计,构建一个人工却又不失生态平衡的养殖环境。它不仅仅是对自然环境的简单复制,更是一种深度的理解与创新,旨在养殖生态系统中实现物质循环与生物链关系的和谐共生。通过仿生技术,可以精准地模拟自然水域中的光照、水流、温度等环境条件,为养殖生物提供一个接近原生栖息地的生存空间。更为重要的是,这一技术还着眼于生物链的构建,通过引入适量的天敌、共生生物等,形成一个自我调节、自我净化的生态系统。这样,不仅减少了人工干预的频率与强度,还有效提升了养殖生物的健康水平与产品质量,为水产养殖的绿色发展铺就了一条坚实的道路。在此过程中,仿生技术还促进了养殖废弃物的资源化利用。通过模拟自然界的物质循环机制,养殖过程中产生的残饵、粪便等有机废弃物得以转化为系统内的营养物质,既减轻了环境污染,又实现了资源的循环利用,真正做到了"变废为宝"。

(二)减轻对自然水域的压力

随着消费需求的升级,水产养殖作为蛋白质供应的重要来源,其规模与密度不断攀升,给自然水域带来了前所未有的压力。而生态复制技术的出现,为解决这一难题提供了有效的途径。通过构建人工养殖生态系统,能够在有限的空间内实现高效、环保的养殖生产,从而大大减轻了对自然水域的依赖与破坏。这种养殖模式,不仅避免了传统养殖方式中因过度捕捞、水质恶化等问题导致的生态失衡,还通过科学的生态管理,确保了养殖物种的正常生长与良好品质。更为重要的是,生态复制技术的推广与应用,还有助于提升公众对水产养殖行业的认知与信任。在消费者日益关注食品安全与环境保护的今天,一个既环保又高效的养殖模式,无疑能够赢得更多的市场青睐,为水产养殖行业的可持续发展奠定坚实的基础。因此,生态复制不仅是对自然水域的一种保护,更是水产养殖行业转型升级、实现双赢的明智选择。

第四章　淡水渔业资源的开发与保护

第一节　淡水渔业资源的分布与特点

一、淡水渔业资源的主要分布

(一)我国淡水渔业资源的丰富多样性

我国淡水渔业资源种类繁多,据 2023 年相关数据统计显示,淡水鱼类有 800 余种,其中鲤科鱼类占据主导地位,达 400 余种,约占全部淡水鱼类的二分之一。鲇科和鳅科紧随其后,两科合计有 200 余种,占据了淡水鱼类总量的四分之一。此外,虾虎科、鳢科、合鳃科等科也拥有丰富的属种,共同构成了我国淡水渔业资源的多样性。这些鱼类分布广泛,从江河湖泊到水库池塘,都有其生存的身影。在日常生活中,人们常能见到的淡水鱼包括草鱼、鲫鱼、鲤鱼、鲢鱼等,它们不仅肉质细腻、脂肪含量低,而且易于被人体吸收,具有极高的营养价值。随着我国渔业科技的快速发展,大宗淡水鱼、特色淡水鱼的养殖技术不断突破,循环水养殖、稻渔综合种养等生态养殖模式得到广泛推广。同时,物联网养殖设备的出现,也为淡水渔业的高效、智能化管理提供了有力支持。而且,我国水产养殖的产量一直占据世界水产养殖产量的较大份额,为消费者提供了丰富的动物蛋白来源。随着遗传育种技术的进步,鱼类新品种的培育极大地促进了养殖业的快速发展,如鲤鱼、鲫鱼等产量持续增长,实现了品种的更新换代。

（二）智慧渔业推动淡水渔业高质量发展

随着 5G 时代的来临,互联网、大数据、云计算、AI 和物联网等信息技术正深刻改变着各行各业,淡水渔业也不例外。智慧渔业作为构建渔业高质量发展格局的重要抓手,正逐渐成为推动蓝色海洋经济发展的重要引擎。而智慧渔业的核心在于推进智慧渔场建设,通过数字化改造传统养殖模式,如池塘养殖、工厂化循环水养殖、深水网箱养殖等,实现养殖环境的智能监控和管理。水质在线监测、智能增氧、精准饲喂、尾水处理、疫病防控等技术的应用,大大提高了养殖效率和产品质量。同时,水产品分级分拣技术的引入,也进一步提升了水产品的市场价值和竞争力。在智慧渔业的推动下,我国淡水渔业正朝着更加高效、环保、智能的方向发展。

二、淡水渔业资源的特点

淡水渔业资源不仅为人们提供了丰富的蛋白质来源,保障了食品的安全与多样性,还促进了相关产业链的蓬勃发展,如养殖、加工、销售等,为社会创造了大量就业机会。同时,淡水渔业也是生态系统中不可或缺的一环,有助于维持水域生态平衡,保护生物多样性。此外,淡水渔业资源还承载着文化传承与休闲旅游的功能,如垂钓、观赏鱼等,丰富了人们的精神生活。因此,合理利用与保护淡水渔业资源,对于实现可持续发展、提升民众生活质量具有重要意义,而淡水渔业资源主要表现为种类丰富与数量较多、区域差异、生态与经济价值等特点,如图 4-1 所示。

（一）种类丰富且数量较多

中国淡水渔业资源之丰富,得益于其辽阔的水域面积。据统计,江河、湖泊、水库及池塘等水域总面积接近 4 亿亩,其中适宜养殖鱼类的水面就有约 7500 万亩,为淡水渔业的发展提供了坚实的物质基础。在这些水域中,江河占据了 45.6% 的比例,湖泊紧随其后占 33.6%,水库和池塘则分别占 12.8% 和

图 4-1 淡水渔业资源的特点

0.8%,其余为其他类型水域。如此广阔的水域孕育了多达 600 余种淡水鱼类,其中具有经济价值的就有 40 至 50 种,此外还包括丰富的虾蟹、贝类等水产品。这些种类繁多的水生生物,不仅为人们的餐桌增添了美味,也构成了中国淡水渔业资源的独特魅力。

(二)区域差异

中国的淡水渔业资源在地域分布上呈现出显著的差异性。从东到西,从南到北,鱼类的种类数量逐渐减少,形成了东部复杂、西部简单,南部复杂、北部简单的区系结构。以青海湖和太湖为例,虽然青海湖面积远大于太湖,但其鱼类种类却仅有 6 种,而太湖则拥有 15 目、24 科、71 属、106 种鱼类,生物多样性极为丰富。此外,由于中国地域辽阔,各地地势、经纬度、温度等自然条件差异显著,这也直接影响了鱼类的生长和分布。以鲤鱼为例,这种适应性强、分布广泛的鱼类,在南部和东部的生长情况普遍优于北部和西部,且随着鱼龄的增长,这种生长速度的差异愈发明显。

(三)生态与经济价值

淡水渔业资源不仅是人类重要的食物来源,更是经济和社会发展的重要支撑。对于农村居民而言,渔业收入往往是其重要的经济来源之一,对于促进农村经济发展、提高农民生活水平具有重要意义。同时,淡水渔业生态系统还发挥着不可或缺的生态服务功能。它们通过自然净化过程,改善水质,保护水源;通过调节水流,减轻洪涝灾害,发挥防洪保护作用;此外,淡水渔业生态系统还是生物多样性的宝库,对于维持生态平衡、促进地方生态系统的健康稳定发展具有不可替代的作用。因此,合理开发和保护淡水渔业资源,实现其生态、经济和社会价值的和谐统一,是当前和未来发展的重要任务。

第二节 淡水渔业养殖技术与模式创新

一、淡水渔业养殖技术创新

(一)智能化养殖技术

1. 智慧养殖系统

在淡水渔业领域,智慧养殖系统的核心在于其全面的监测与分析能力。通过部署在水域中的各类传感器,系统能够实时采集水质参数,包括温度、pH值、溶解氧、氨氮含量等关键指标,确保养殖环境的稳定性和适宜性。这些数据被即时上传至云端服务器,经过大数据分析和云计算处理,系统能够精准预测水质的变化趋势,为养殖者提供前瞻性的管理建议。更为先进的是,智慧养殖系统还具备鱼类健康状况的自动识别功能。通过图像识别技术和机器学习算法,系统能够分析鱼类的行为模式、体态特征以及游动轨迹,及时发现异常状况,如疾病、营养不良或应激反应等。这不仅有助于养殖者及时采取措施,减少病害损失,还能通过长期的数据积累,优化养殖策略,提升鱼类的整体生长性能和养殖效益。而智慧养殖系统的应用,使得养殖过程更加科学化、精细化,极大地提高了养殖效率,降低了因环境波动或疾病暴发导致的风险。同时,它也促进了资源的合理利用,减少了水资源的浪费和环境污染,为淡水渔业的可持续发展奠定了坚实基础。

2. 智能投喂系统

智能投喂系统是淡水渔业智能化养殖技术中的另一大亮点,它直接关乎养殖成本的控制和鱼类生长效率的提升。该系统能够根据鱼类的生长阶段、健康状况以及当前的水质参数,自动调整投喂量和投喂时间,实现真正的精准投喂。在传统的养殖模式中,投喂往往依赖于养殖者的经验和直觉,难以做到精准控制。而智能投喂系统则通过集成的传感器和数据分析模块,实时监测鱼类的摄食情况和生长状态。当系统监测到鱼类处于快速生长期或需要更多营养时,它会自动增加投喂量;反之,则会相应减少,以避免过度投喂造成的饲料浪费和水质恶化。

此外,智能投喂系统还能根据水质参数的变化,如溶解氧含量、水温等,调整投喂策略。在溶解氧含量较低或水温过高时,系统会减少投喂量,以减轻鱼类的消化负担,避免因病害或应激反应导致的生长停滞。这种智能化的投喂方式,不仅提高了饲料的利用率,降低了养殖成本,还促进了鱼类的健康成长,提升了养殖效益。

(二)淡水渔业生态养殖技术

1. 生态工程手段

在淡水渔业生态养殖中,淡水养殖池塘作为鱼类生长的主要场所,其建设和管理直接关系到鱼类的健康与产量。为了有效降低水质污染,提高水质稳定性,引入湿地植物是一项行之有效的措施。湿地植物不仅能够吸收水中的氮、磷等营养物质,减少富营养化的风险,还能为水生生态系统提供庇护所,增加生物多样性。同时,这些植物通过光合作用释放氧气,有助于提升水体的溶氧量,为鱼类创造更加优越的生长条件。而在废水处理方面,生态工程手段同样发挥着重要作用。通过构建合理的排水系统,将养殖过程中产生的废水进行集中处理,避免直接排放对周边环境造成污染。采用生物滤池、人工湿地等生态处理技术,可以有效去除废水中的有害物质,实现废水的循环利用。这种循环养殖模式不仅减少了水资源的浪费,还降低了养殖成本,提高了养殖效益。此外,生态工程手段还包括合理布局养殖区域,避免过度密集养殖导致的环境压力,以及利用自然地形地貌构建生态缓冲区,保护养殖环境免受外界干扰。

2. 水质调节与底质改良

水质的好坏直接影响到鱼类的生长速度、健康状况以及养殖产量。因此，采用物理、化学和生物方法调节水质，为鱼类提供一个良好的生长环境至关重要。物理方法主要包括使用水面增氧机、水底微孔曝气等技术。这些设备通过增加水体的流动性和溶氧量，有助于改善水质，促进鱼类的呼吸和新陈代谢。特别是在高温季节或养殖密度较高的情况下，物理增氧更是必不可少的措施。通过定期开启增氧设备，可以确保水体中的溶解氧保持在适宜范围内，避免鱼类因缺氧而死亡。而化学方法则主要用于控制寄生虫、细菌等有害生物。在养殖过程中，由于鱼类的排泄物、残饵等有机物的积累，容易滋生各种有害生物。通过施用化学渔药，可以有效杀灭这些有害生物，保障鱼类的健康生长。然而，化学方法的使用需要谨慎，避免药物残留对水体和鱼类造成二次污染。其中，生物方法则是利用益生菌、绿藻等生物手段净化水质。益生菌能够分解有机物，降低水体中的氨氮、亚硝酸盐等有害物质含量；而绿藻则通过光合作用释放氧气，提高水体的溶氧量。同时，这些生物还能与鱼类形成共生关系，促进养殖生态系统的良性循环。通过合理搭配和使用生物方法，可以实现水质的长期稳定和鱼类的健康生长。

（三）淡水渔业疾病防控技术

1. 疫病预防控制

在淡水渔业中，疫病预防控制是确保鱼类健康生长、提高养殖效益的关键环节。为了实现这一目标，养殖者需采取一系列科学有效的措施。其中，注射疫苗是预防鱼类疾病的重要手段之一。通过为鱼类接种特定的疫苗，可以显著增强其免疫力，降低对病原体的易感性，从而有效减少疾病的发生。除了疫苗接种，构建完善的隔离设施也至关重要。养殖者应在养殖场周围设置有效的隔离带，防止外来病原体侵入。同时，对于新引进的鱼类，必须进行严格的检疫和隔离观察，确保其不携带任何病原体。此外，养殖场内的工具、设备以及养殖人员也须进行定期的消毒和防疫处理,以切断病原体的传播途径。而且,在疾病防治过程中,中西医结合的方法展现出了独特的优势。西医药物能够迅速控制病情,杀灭病原体,而中药则注重调理鱼类的体质,增强其抗病力。通过中西医结合,不仅可以提高疾病的治疗效果,还能减少药物的使用量,降低对养殖环境的污染。因此,养殖者应积极探索和应用中西医结合的疾病防治方法,为鱼类的健康生长提供有力保障。

2. 环境监测与消毒处理

养殖者需定期对养殖水域进行水质监测,包括温度、pH 值、溶解氧、氨氮、亚硝酸盐等关键指标。通过实时监测这些数据,可以及时发现水质异变,如溶解氧降低、氨氮升高等,从而迅速采取措施进行调整,避免病原体的大量滋生。除了水质监测,定期对养殖水体进行消毒处理也是必不可少的。消毒处理可以有效杀灭水体中的病原体,减少疾病的发生。养殖者应根据养殖水域的实际情况,选择合适的消毒剂和消毒方法。例如,在疾病高发季节或水质恶化时,可以增加消毒的频率和强度;而在水质较好、鱼类生长稳定时,则可以适当减少消毒的次数。值得注意的是,消毒处理虽然重要,但也不能过度。过度消毒不仅会破坏养殖水域的生态平衡,还可能对鱼类的健康产生负面影响。因此,养殖者在进行消毒处理时,应严格遵循科学的方法和剂量,确保既达到消毒效果,又不影响鱼类的正常生长。通过加强环境监测和合理的消毒处理,可以为鱼类提供一个清洁、健康的养殖环境,有效降低疾病的发生率,提高养殖效益。

二、淡水渔业养殖模式创新

(一)集约化养殖模式

1. 陆基推水生态循环养殖模式

陆基推水生态循环养殖模式,尤其是集装箱陆基推水生态循环养殖,是近年来淡水渔业领域的一种创新养殖方式。这一模式巧妙地结合了陆基设施与生态循环技术,实现了养殖的高效与环保并存。集装箱作为养殖单元,不仅便于移动和管理,还能有效隔离外界环境对养殖水体的影响,为鱼类提供一个相对稳定的生长空间。高密度养殖技术在这里得到了充分应用,使得单位面积的养殖产量大幅提升。更为关键的是,该模式通过生态循环技术处理养殖过程中产生的废水,并利用生物滤池、人工湿地等生态处理系统,将废水中的有害物质有效去除,同时部分水资源得以回收利用,实现了养殖废水的零排放或低排放。这种循环养殖方式不仅减少了对自然水资源的依赖,还降低了养殖对环境的影响,符合现代渔业可持续发展的理念。此外,陆基推水生态循环养殖模式还便于实施精细化管理。通过智能化设备监控水质、投喂饲料,以及定期监测鱼类的生长状况,可以及时调整养殖策略,确保鱼类的健康生长。这种养殖模式不仅提高了养殖效率,还降低了养殖风险,为渔民带来了可观的经济效益。

2. 工厂化养殖模式

在工厂化养殖中,水温、光照、水质等关键环境因素都可以根据鱼类的生长需求进行精确调控,从而实现鱼类的高密度、高效率养殖。工厂化养殖模式的优势在于其高度的可控性。通过先进的养殖技术和设备,可以精确控制养殖水体的温度、pH 值、溶解氧等参数,为鱼类提供一个最适宜的生长环境。同时,养殖过程中产生的废物和废水也可以得到及时处理和回收利用,避免了环境污染和资源浪费。此外,工厂化养殖模式还便于实施规模化生产和标准化管理。通过集中养殖、统一管理和销售,可以降低生产成本,提高养殖效益。同时,标准化管理也有助于提升养殖产品的质量和安全性,满足市场对高品质水产品的需求。

(二)淡水渔业综合种养模式

1. 稻渔综合种养模式

稻渔综合种养模式是一种创新的农业发展模式,它将稻田与渔业有机结合,实现了资源的高效利用和生态环境的良性循环。在这种模式下,稻田不仅用于种植水稻,还成为养殖鱼类等水生生物的天然场所。鱼类在稻田中游动,不仅能吃掉部分害虫和杂草,减少农药和化肥的使用,还能通过其排泄物为稻田提供有机肥料,增强土壤肥力。稻渔综合种养模式的优势显而易见。一方面,它能够提高稻田的利用率和产出率。该模式在不影响水稻生长的前提下,养殖鱼类等水生生物为农民增加了额外的收入来源。另一方面,这种模式能够改善稻田的生态环境。鱼类的存在促进了稻田生态系统的多样性,有助于维持生态平衡,减少病虫害的发生。此外,稻渔综合种养模式还能实现生态、经济和社会效益的多赢。它能够减少化肥和农药的使用,降低农业生产对环境的污染,同时提高农产品的品质和安全性,满足了消费者对绿色、健康食品的需求。在实践中,稻渔综合种养模式需要根据当地的气候条件、土壤类型、水资源状况等因素进行具体设计和实施。通过科学合理的规划和管理,这种模式可以在保证水稻产量的同时,实现鱼类的高效养殖,为农民带来可观的经济效益。

2. 山塘稻田绿色养殖模式

山塘稻田绿色养殖模式是针对山塘和稻田等特定环境量身定制的一种可持续养殖模式。它充分利用山塘和稻田的自然资源,通过优化养殖品种结构、改进养殖工艺和技术等手段,实现生态、节能、减排、高效等多重目标。在山塘稻田绿色养殖模式中,养殖品种的选择至关重要。根据当地的气候条件和市场需求,选择适应性强、生长速度快、经济价值高的水生生物进行养殖。同时,通过科学的养殖工艺和技术手段,如合理的投喂管理、水质调控、疾病预防等,确保养殖生物的健康成长和高产高质。这种模式的优势在于其绿色、环保的特点。它强调生态养殖,减少了对环境的污染和破坏。通过循环利用水资源和有机废弃物,实现了资源的最大化利用。同时,山塘稻田绿色养殖模式还注重节能减排,降低了养殖成本,提高了养殖效益。此外,山塘稻田绿色养殖模式能够促进当地农村经济的发展。它为农民提供了多样化的增收渠道,提高农民的生活水平。同时,这种模式还将推动农村产业结构的调整和优化,促进农业的可持续发展。通过不断探索和实践,山塘稻田绿色养殖模式将为淡水渔业的发展注入新的活力。

第三节 淡水渔业资源的生态保护、恢复与管理

一、淡水渔业资源的生态保护

（一）加强水质治理

1. 强化水质监测网络

水质,作为淡水渔业资源赖以生存的基础,其质量直接关乎渔业资源的健康与可持续发展。在当前工业化、城市化快速推进的背景下,工业废水、农业污染物以及生活污水的排放,对淡水水质构成了严重威胁。因此,加强水质治理,成为保护淡水渔业资源的首要任务。而建立和完善水质监测网络,是实现水质有效治理的前提。应在水域关键节点设置监测站点,采用先进的监测技术和设备,实时监测水质指标,包括溶解氧、氨氮、磷酸盐、重金属等。通过数据分析,及时发现水质异常,为污染源追踪和应急处理提供科学依据。

2. 严格管控污染源

针对工业废水、农业面源污染等主要污染源,应采取严格的管控措施。对于工业企业,应要求其安装污水处理设施,确保废水达标排放;对于农业污染,应推广科学施肥、合理用药,减少化肥和农药的使用量,降低农业污染物的排放。同时,加强生活污水的收集和处理,防止污水直接排入水体。

3. 推动水质改善工程

在水质治理中,应积极推动水质改善工程。这包括建设污水处理厂、人工湿地、生态浮岛等,通过物理、化学和生物方法,去除水体中的污染物,提高水质净化能力。此外,还可以利用水生植物、微生物等生态手段,构建水体生态系统,增强水体的自净能力。

(二)保护生态系统完整性

1. 实施生态系统保护工程

淡水渔业资源不仅依赖于水质,更离不开完整的生态系统。湖泊、江河、湿地等生态系统是淡水渔业资源的重要栖息地和繁殖场所,其完整性和稳定性对于渔业资源的保护至关重要。针对湖泊、江河、湿地等生态系统,应实施保护工程,维护其完整性和稳定性。这包括湿地恢复、植被重建、河岸带修复等,通过生态工程手段,恢复生态系统的自然状态,提高生态系统的抗干扰能力和恢复力。

2. 保护生物多样性

生物多样性是生态系统的重要组成部分,也是淡水渔业资源的重要基础。应加强对水生生物多样性的保护,包括珍稀濒危物种、特有物种以及经济鱼类等。通过建立自然保护区、人工繁育基地等措施,保护生物多样性,防止物种灭绝和生态失衡。

3. 注重生态养殖模式推广

在渔业生产中,应推广生态养殖模式,实现渔业与环境的和谐共生。生态养殖模式注重养殖过程中的环境保护和资源利用,通过循环水养殖、稻田综合养殖等方式,减少养殖对环境的污染,提高养殖效益。同时,生态养殖模式还有助于维护生态系统的平衡,促进渔业资源的可持续利用。

4. 强化政策引导和支持

相关部门在生态系统保护中发挥着重要作用,应制定和完善相关政策,为生态系统保护提供政策引导和支持。这包括财政补贴、税收优惠、技术支持等,激励企业和个人积极参与生态系统保护工作。同时,加强跨部门协作和区域合作,形成生态系统保护的合力。

二、淡水渔业资源的恢复

(一) 实施渔业资源放流

渔业资源放流作为恢复淡水渔业资源的重要举措,其科学性与实效性至关重要。在实施过程中,首先需要进行周密的科学评估,综合考虑水域环境、生态平衡、鱼类生物学特性等多方面因素。通过详尽的研究,选定适宜放流的鱼类品种,这些品种应具备良好的适应性、繁殖力以及生态价值,以确保放流后能有效增加水域中的鱼类种群数量。放流活动应遵循自然规律,选择恰当的时机与地点,避免对既有生态系统造成冲击。同时,放流后的持续监测与评估同样重要,通过跟踪鱼类生长情况、种群变化及水域生态响应,及时调整放流策略,确保放流效果最大化。此外,公众教育与参与也是不可忽视的一环,通过普及渔业资源保护知识,提升公众对放流活动的认识与支持,共同营造保护渔业资源的良好氛围。而且,实施渔业资源放流,不仅能够直接补充因过度捕捞而日益减少的渔业资源,更在深层次上促进了水域生物多样性的恢复与提升。这一举措对于维护水域生态平衡、促进渔业可持续发展具有深远意义,是实现绿水青山就是金山银山理念的具体实践。

(二) 建立渔业资源保护区

在淡水渔业资源日益紧张的背景下,建立渔业资源保护区成为保护渔业资源、恢复水域生态的有效途径。这些保护区通常选址于生态敏感、鱼类资源丰富或具有重要生态价值的水域,通过明确划定保护范围,实施严格的捕捞限制或完全禁止捕捞。而保护区的建立,为鱼类提供了一个相对封闭且安全的繁殖与生长环境,有效减少了人为干扰,保障了鱼类种群的自然繁衍。同时,保护区还成为保护生物多样性的"避风港",吸引了众多珍稀、濒危物种的栖息,进一步丰富了水域生态结构。为了加强保护区的管理与效能,需要建立健全的监管机制,包括定期监测水质、鱼类种群动态,以及严厉打击非法捕捞行为等。此外,结合科研与教育,开展保护区内的生态研究,提升公众对渔业资源保护的认识与参与度,共同守护这一片珍贵的蓝色家园。并且,渔业资源保护区的建立,不仅是对当前渔业资源危机的积极应对,更是对未来渔业可持续发展的深远布局。它彰显了人与自然和谐共生的理念,为淡水渔业资源的恢复与保护提供了坚实保障。

(三)加强濒危鱼类保护

面对日益严峻的物种灭绝危机,必须采取特殊且有力的保护措施,以确保这些珍贵物种的生存与繁衍。一方面,对于已知的濒危鱼类,应立即实施严格的保护政策,包括禁止一切形式的捕捞和销售,从根本上切断其被利用的途径。同时,加强执法力度,严厉打击非法捕捞、贩卖濒危鱼类的行为,形成强大的法律震慑力。另一方面,建立人工繁殖基地是保护濒危鱼类的有效手段之一。通过科学研究,掌握其繁殖习性,模拟自然繁殖环境,进行人工繁育。这不仅能够为濒危鱼类提供安全的繁殖场所,还能通过人工孵化、培育,逐步扩大其种群数量,为未来的野外放归或种群恢复奠定基础。此外,加强濒危鱼类保护还需注重生态保护与修复。通过改善水域环境、恢复生态功能,为濒危鱼类创造更加适宜的栖息条件。同时,开展科普教育,提高公众对濒危鱼类的认识与保护意识,形成全社会共同参与的保护合力。

三、淡水渔业资源的管理措施

(一)推广现代科技手段

1. 水质监测仪器的应用

在淡水渔业资源的管理中,推广现代科技手段是提高养殖效益、实现精准管理的关键路径。随着科技的飞速发展,一系列先进的水质监测仪器与智能养殖管理系统应运而生,为淡水渔业的现代化转型提供了有力支撑。而水质是淡水渔业的基础,直接关系着鱼类的生长与健康。传统的人工水质检测方式不仅耗时耗力,且难以实现实时监控。可现代水质监测仪器的出现,如在线溶解氧仪、pH 计、氨氮检测仪等,能够 24 小时不间断地监测水质指标,确保养殖水体始终处于最佳状态。这些仪器通过高精度传感器实时采集数据,并通过无线网络传输至中央控制平台,养殖者可以随时随地通过手机或电脑查看水质情况,及时发现并处理潜在问题,有效预防疾病爆发和水质恶化,保障鱼类的健康成长。

2. 智能养殖管理系统的集成

智能养殖管理系统是现代淡水渔业的一个重要革新,该系统整合了视频监控、环境控制、饲料投喂、疾病预警等多个功能模块,实现了养殖过程的全面自动化和智能化。通过安装在养殖池塘的摄像头,养殖者可以远程监控鱼类的活动状态,及时发现异常行为;环境控制系统则能根据水质监测仪器的数据,自动调节水温、光照等条件,为鱼类提供最适宜的生长环境;智能投喂系统则根据鱼类的生长阶段和摄食需求,精准控制饲料的投喂量和时间,避免浪费和过度投喂;而疾病预警系统则通过分析鱼类的行为模式和生理指标,提前预测疾病的发生,为及时治疗赢得宝贵时间。推广现代科技手段,不仅提升了淡水渔业的养殖效益,更实现了对养殖环境的精准管理,为渔业资源的可持续利用奠定了坚实基础。

(二) 加强公众教育和培训

1. 公众教育的普及

公众是淡水渔业资源保护的重要力量,通过媒体、网络等渠道,广泛宣传淡水渔业资源的重要性、保护现状以及面临的威胁,可以激发公众的环保意识和参与热情。例如,利用电视、广播、社交媒体等平台,发布淡水渔业资源保护的科普文章、视频和公益广告,让公众了解渔业资源的珍贵性和保护的必要性。同时,组织公众参与渔业资源保护的实践活动,如放流活动、清洁水域行动等,让公众亲身体验保护行动的意义和价值。

2. 渔民和相关从业人员的培训

渔民和相关从业人员是淡水渔业资源管理的直接实践者,他们的保护意识和专业能力直接关系着渔业资源的可持续利用。因此,应定期对他们进行培训和指导,内容涵盖渔业法律法规、生态保护知识、可持续养殖技术等方面。通过培训,提高渔民对渔业资源保护的认识和重视程度,引导他们采用环保的养殖方式和技术手段;同时,提升相关从业人员的专业素养和管理能力,使他们能够更好地执行渔业资源管理政策和技术规范。

第四节 淡水渔业产品的加工、营销与品牌建设

一、淡水渔业产品的主要加工方式

(一)传统加工技术

传统加工技术是淡水渔业产品中最为经典且历史悠久的加工方式。腌制、烟熏和干燥是其中最具代表性的三种方法。腌制技术通过盐分或其他调味料的渗透,有效抑制细菌生长,从而延长鱼类的保质期。同时,腌制过程中的化学反应还为鱼类赋予了独特的风味和口感,使得产品更加鲜美可口。烟熏技术则利用烟雾中的抗菌成分和独特香气,不仅延长了鱼类的保存时间,还为其增添了一抹烟熏的香醇。干燥技术则是通过自然风干或人工烘干的方式,降低鱼类中的水分含量,从而达到防腐和长期保存的目的。这些传统加工技术,不仅保留了鱼类的原始营养,更赋予了产品丰富的文化内涵和地域特色,成为淡水渔业产品中不可或缺的一部分。

(二)现代加工技术

随着科技的不断进步和消费者需求的日益多样化,现代加工技术在淡水渔业产品中得到了广泛应用。鱼糜制品、鱼骨类高钙食品、鱼油微胶囊等新型

产品层出不穷,不仅丰富了市场供给,也满足了消费者对营养、健康和便捷性的追求。鱼糜制品通过精细加工,将鱼肉转化为易于消化、口感细腻的制品,如鱼丸、鱼豆腐等,深受消费者喜爱。鱼骨类高钙食品则充分利用了鱼骨这一常被忽视的资源,通过特殊工艺处理,将其转化为富含钙质和胶原蛋白的健康食品。鱼油微胶囊技术则是将鱼油这一优质脂肪源进行微囊化处理,提高其稳定性和生物利用率,为人体提供必需的脂肪酸。此外,炸制水产品控油降AGEs技术的出现,更是解决了油炸食品中有害物质含量高的问题,使得炸制水产品更加健康、美味。

(三)绿色加工技术

随着环保意识的日益增强,绿色加工技术在淡水渔业产品中的应用逐渐成为主流趋势。节水生产与蛋白质回收利用技术是通过优化生产工艺和回收利用废弃物中的蛋白质资源,有效减少了水资源和原材料的浪费。同时,这一技术还降低了生产过程中的环境污染,实现了经济效益和生态效益的双赢。脱腥提质技术则是针对淡水鱼类特有的腥味问题而开发的,通过物理、化学或生物方法去除腥味物质,提高产品的口感和接受度。这一技术不仅提升了淡水渔业产品的品质,也拓宽了其市场应用范围。绿色加工技术的推广和应用,不仅符合可持续发展的理念,也为淡水渔业产品的加工产业带来了新的发展机遇。

(四)自动化与智能化

在淡水渔业产品的加工过程中,自动化设备的广泛应用,如自动切割机、自动包装机等,不仅减轻了工人的劳动强度,还提高了加工的精度和一致性。智能管理系统则通过实时监控生产过程中的各项参数,如温度、湿度、时间等,确保加工过程的稳定性和可控性。同时,智能管理系统还能够对生产数据进行收集和分析,为生产决策提供科学依据,进一步优化生产流程和提高生产效率。自动化与智能化的结合,不仅提升了淡水渔业产品的加工水平和市场竞争力,也为行业的可持续发展奠定了坚实基础。未来,随着技术的不断进步和应用的深入,自动化与智能化将在淡水渔业产品的加工中发挥更加重要的作用。

二、淡水渔业产品的营销模式

(一)明确目标受众

在淡水渔业产品的营销中,消费者群体多样,包括家庭主妇、健康追求者、美食爱好者、高端消费者等。通过市场调研,深入了解各群体的消费习惯、偏好及购买力,为制订个性化营销方案奠定基础。例如,针对注重健康的消费者,可强调产品的绿色生态养殖特点;对于追求品质的高端客户,则突出产品的稀缺性和独特风味。通过精准定位,确保营销信息能够触达目标受众,满足其多元化需求,提升营销效果。

(二)产品定位

在竞争激烈的市场中,产品必须拥有独特的卖点和优势,才能吸引消费者注意。这要求企业深入挖掘产品特色,如产地优势、养殖技术、品种稀有性等,并通过包装设计、品牌故事等方式加以呈现。同时,与竞争对手进行对比分析,找出差异化的市场定位,如"有机生态鱼""原产地直供"等,使产品在消费者心中形成鲜明印象,增强品牌竞争力。

(三)渠道选择

在销售渠道的选择上,淡水渔业产品应充分利用线上线下相结合的方式,拓宽销售网络。线上渠道包括电商平台、社交媒体、企业官网等,通过搭建线上店铺、开展直播带货、发布产品资讯等方式,提高产品的曝光率和销售量。线下渠道则包括超市、农贸市场、餐饮店等,通过与这些渠道建立合作关系,将产品直接送达消费者手中。同时,企业还可考虑开设品牌专卖店或体验店,提升品牌形象和消费者体验。通过线上线下融合,构建全方位的销售网络,确保产品能够覆盖更广泛的目标受众。

(四)市场推广

市场推广是淡水渔业产品营销的重要环节,企业可运用多种手段进行市场推广,包括促销活动、公关活动、口碑营销等。促销活动如限时折扣、满减优惠、赠品赠送等,能够直接刺激消费者的购买欲望;公关活动如新品发布会、行业展会、公益活动等,则有助于提升品牌形象和知名度;口碑营销则通过消费者的好评和推荐,形成口碑效应,吸引更多潜在客户。此外,企业还可利用社交媒体、搜索引擎优化等数字营销手段,提高产品的在线可见度和互动性,进一步提升品牌知名度。

(五)客户关系管理

企业应提供良好的售后服务,确保消费者在购买产品后能够得到及时、有效的支持和帮助。这包括建立客户服务热线、提供在线咨询、处理消费者投诉等。同时,定期与客户进行沟通,了解其对产品的反馈和建议,不断优化产品和服务。为了建立长期稳定的客户关系,企业还可推出忠诚会员计划,如积分兑换、会员专享优惠等,激励消费者持续购买并推荐给他人。通过优质的客户关系管理,企业不仅能够提升消费者满意度和忠诚度,还能为未来的营销活动奠定坚实的客户基础。

三、淡水渔业产品的品牌建设

(一)品牌宣传

在多元化、信息化的今天,广告、宣传和社交媒体等渠道成为了品牌传播的重要载体。通过精心策划的广告投放,可以在目标消费群体中迅速树立品牌形象,传递产品特点和优势。同时,利用宣传册、海报、展会等传统宣传方式,以及微博、微信、抖音等社交媒体平台,进行全方位、多角度的品牌推广,可以进一步扩大品牌的影响力。在宣传过程中,应注重内容的创意性和互动性,吸引消费者的注意力,激发其购买欲望。此外,通过参与公益活动、赞助体育赛事等方式,也可以提升品牌的社会责任感和正面形象,从而增强消费者对品牌的认同感和忠诚度。

(二)品牌故事与形象

一个富有感染力和吸引力的品牌故事,能够激发消费者的情感共鸣,增强品牌的记忆点。在构建品牌故事时,应深入挖掘产品的历史渊源、文化特色、生产工艺等独特元素,将其融入品牌故事中,形成独特的品牌文化。同时,品牌形象的设计也至关重要。一个清晰、鲜明、具有辨识度的品牌形象,能够迅速抓住消费者的眼球,留下深刻印象。因此,在品牌形象设计上,应注重色彩搭配、图案设计、字体选择等细节,确保品牌形象与品牌故事相得益彰,共同塑造出独特的品牌魅力。

(三)注重产品质量与安全

在竞争激烈的市场环境中,只有确保产品的质量和安全,才能赢得消费者的信任和口碑。因此,在品牌建设过程中,应建立严格的质量控制体系,从原料采购、生产加工、包装运输等各个环节进行严格把关,确保产品符合国家标准和消费者期望。同时,还应建立完善的追溯体系,如果发生质量问题,能够迅速追溯源头,及时采取措施进行整改。此外,还应加强质量检测和监管力度,定期对产品进行抽检和评估,确保产品质量持续稳定。通过这些措施的实施,可以保障消费者的权益,提升品牌的信誉度和美誉度。

(四)产品与服务创新

随着消费者需求的日益多样化和个性化,只有不断创新产品和服务,才能满足消费者的新需求,提升品牌的竞争力。在产品创新方面,可以围绕消费者的口味偏好、健康需求、便捷性等方面进行深入研发,推出具有独特卖点和差异化竞争优势的新产品。在服务创新方面,可以关注消费者的购物体验、售后服务等,为其提供更加贴心、便捷、高效的服务。例如,建立线上购物平台,提供一站式购物体验;设立专门的售后服务团队,及时解决消费者在使用过程中遇到的问题。通过产品和服务的不断创新,可以提升品牌的附加值和消费者满意度,从而增强品牌的忠诚度和市场份额。

(五)合作与联盟

在全球化、信息化的今天,单打独斗已经难以适应市场的变化和挑战。因此,与其他企业或机构建立合作关系,共同推动品牌建设和市场拓展,成为了品牌发展的必然选择。在合作过程中,可以寻求与产业链上下游企业的合作,实现资源共享、优势互补;也可以与科研机构、高校等合作,进行技术研发和创新;还可以与行业协会、政府部门等合作,参与行业标准和政策的制定。通过合作与联盟,可以拓宽品牌的视野和资源,提升品牌的竞争力和影响力。同时,还可以借助合作伙伴的力量,共同抵御市场风险,实现品牌的可持续发展。

第五章　农牧业推广策略的理论与实践

第一节　农牧业推广的基本概念与原则

一、农牧业推广的内涵

(一)农牧业推广的范围

农牧业推广,简而言之,是一个将先进农业技术、知识、信息和方法传递给农牧民,旨在改变其生产行为,提升农业生产效率和效益的过程。这一过程不仅涵盖了农业生产技术的传播,如新型种植技术、病虫害防治方法等,还涉及畜牧养殖技术的推广,如高效饲养管理、疾病防控技术等。同时,农产品加工技术、市场信息、经营管理理念等软性内容也是农牧业推广的重要组成部分。随着现代农业理念的深入人心,环保、可持续发展等原则也逐渐融入农牧业推广的体系中,成为推动农业绿色转型、实现可持续发展的重要力量。农牧业推广的广泛范畴,要求推广者具备全面的知识结构和丰富的实践经验,以确保推广内容的科学性和实用性。

(二)农牧业推广的主体与作用

农牧业推广的主体多元且各具特色,共同构成了推广体系的坚实基础。公共机构,如农业技术推广站、畜牧兽医站等,是农牧业推广的主力军,它们承担着政府赋予的推广任务,通过组织培训、现场指导等方式,将最新的农业科技和理念传递给农牧民。非营利组织则以其公益性和灵活性为特点,关注特

· 84 ·

定领域或群体的需求,提供针对性的推广服务。企业在农牧业推广中同样发挥着重要作用,它们不仅推广自身研发的新技术、新产品,还通过市场化运作,促进农业科技成果的转化和应用。此外,个人作为推广者也不容忽视,他们可能是经验丰富的农牧民、技术专家或热心的志愿者,通过口口相传、示范带动等方式,对周围农牧民产生积极影响。这些主体在农牧业推广中各司其职、相互协作,共同推动着农业和畜牧业的持续发展,为乡村振兴和农业现代化贡献力量。

二、农牧业推广的原则

农牧业推广对于促进农业现代化、提升农牧民生活水平及推动农村经济发展具有重要意义,不仅能够将先进的科学技术和管理理念传递给农牧民,提高其生产效率和产品质量,从而增加农牧民收入,改善农村生活条件;还能促进农业资源的合理利用和环境保护,推动农牧业向绿色、可持续方向发展。此外,农牧业推广还有助于提升农村整体的教育水平和文明程度,激发农牧民的创新意识和创业热情,为农村经济社会的全面进步奠定坚实基础。因此,加强农牧业推广工作是推动乡村振兴和农业现代化的重要举措,而在进行农牧业推广过程中,应遵循着农民自愿、因地制宜、注重实效、多方协作等主要原则,确保农牧业推广能够达到预期的效果,如图 5-1 所示。

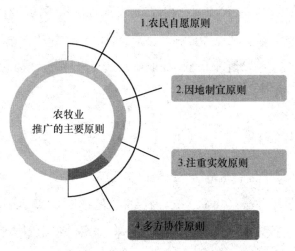

图 5-1　农牧业推广的主要原则

(一)农民自愿原则

在推广过程中,农民的参与度和接受度直接关系着推广项目的成功与否。因此,推广工作必须充分尊重农民的意愿和需求,避免任何形式的强制推广。农民是农业生产的主体,他们对自己土地、作物和养殖情况有着最直接的了解和感受。只有农民真正认识到新技术、新知识和新方法的价值,并自愿接受和应用,才能发挥出这些技术的最大效益。为了实现这一目标,推广人员需要与农民建立密切的沟通和联系,了解他们的实际需求,解答他们的疑惑,激发他们的学习兴趣。同时,推广项目的设计和实施也需要充分考虑农民的经济条件、文化背景和接受能力,确保推广内容既科学又实用,既先进又接地气。

(二)因地制宜原则

我国地域辽阔,不同地区的气候条件、土壤类型、作物种类和养殖模式都存在显著差异。因此,推广工作不能一刀切,必须根据当地的实际情况进行分类指导。推广人员需要深入基层,进行实地调研,充分了解当地的农业生产特点和问题,掌握农民的真实需求。在此基础上,制订符合当地实际的技术推广方案,选择适合当地条件的技术、品种和养殖模式进行推广。同时,推广过程中还需要注重技术的本土化和适应性改造,确保推广技术能够在当地生根发芽,发挥出最大的效益。通过因地制宜的推广策略,不仅可以提高推广工作的针对性和实效性,还可以促进地区间农业技术的交流与融合,推动农业生产的整体进步。

(三)注重实效原则

推广工作的最终目的是帮助农民解决实际问题,提高生产效率,增加经济收入。因此,推广工作必须注重实效,确保推广的技术、知识和方法能够真正落地生根,产生实际效果。为了实现这一目标,推广过程中需要注重试验、示范和培训等环节。通过试验验证技术的可行性和效果,通过示范展示技术的实际应用和效益,通过培训提高农民的技术水平和应用能力。同时,推广工作还需要建立有效的反馈机制,及时收集和处理农民的反馈意见,不断优化推广策略和方法。

(四)多方协作原则

推广工作涉及科研机构、企业、农民和政府等多个主体,需要各方面的协作和配合。科研机构应提供先进的技术支持和培训服务,为推广工作提供科学依据和技术支撑;企业应积极参与推广活动,提供市场信息和销售渠道,促进科技成果的转化和应用;农民则是推广工作的直接受益者和参与者,需要积极参与推广活动,学习和应用新技术。通过多方协作,可以形成合力,共同推动农牧业推广工作的深入开展,为农牧业生产注入新的活力和动力。

第二节　农牧业推广策略的制定与实施

一、农牧业推广策略的制定方法

(一)明确推广目标

推广目标不仅为整个推广活动提供了方向,也是后续评估推广效果的重要依据。在设定目标时,需综合考虑农牧业发展的现状、未来趋势以及社会经济发展的需求。例如,提高农牧业生产效率可以细化为提升作物单产、优化畜禽养殖结构等具体指标;增加农牧民收入则可通过提高产品附加值、拓宽销售渠道等方式实现;推广环保和可持续发展理念则需关注资源节约、生态友好型技术的普及与应用。这些目标应既具有前瞻性,又切实可行,能够激发农牧民参与推广活动的积极性,同时引导农牧业向更加绿色、高效的方向发展。

(二)分析目标受众

农牧民作为推广活动的直接受众,其年龄结构、教育水平、生产规模、技术接受度等因素直接影响着推广效果。因此,在制定策略前,需通过问卷调查、访谈、数据分析等方式,全面了解农牧民的实际需求和偏好。例如,年轻农牧民可能更倾向于接受新技术、新方法,而年长者则可能更注重传统经验的传承与改良。此外,不同生产规模的农牧民对技术的需求也存在差异,大规模生产者可能更关注机械化、智能化技术的应用,而小规模生产者则可能更看重低成本、易操作的技术方案。通过精准定位目标受众,可以为他们量身定制推广内容和方式,提高推广的针对性和有效性。

(三)选择推广内容

选择具有针对性、实用性和前瞻性的推广内容是确保推广活动成功的关键。推广内容应紧密围绕推广目标,结合目标受众的实际需求,涵盖最新的农业技术、畜牧养殖技术、市场信息、经营管理理念等多个方面。例如,在推广农业技术时,可以重点介绍节水灌溉、精准施肥、病虫害绿色防控等环保高效技术;在畜牧养殖方面,则可推广良种选育、健康养殖、智能化管理等先进技术。同时,注重推广内容的创新性和吸引力,通过生动的案例、形象的演示、互动的体验等方式,让农牧民直观感受到新技术的优势和效益,从而提高他们的参与度和接受度。此外,还应关注市场动态和消费者需求的变化,及时调整推广内容,确保农牧产品能够顺应市场趋势,提高市场竞争力。

(四)制订推广计划

制订详细的推广计划是确保推广活动顺利实施的重要保障,推广计划应包括推广的时间表、地点、方式、预算等多个方面,确保每个环节都有明确的规划和安排。在时间安排上,应根据农业生产周期和农牧民的作息时间,合理选择推广时机,确保推广活动能够覆盖到最广泛的受众群体。在地点选择上,应充分考虑农牧民的聚集地和交通便捷性,选择便于开展活动的场所进行推广。在推广方式上,应结合线上线下多种渠道,利用互联网、社交媒体、电视广播等现代传媒手段,扩大推广的覆盖面和影响力。同时,制订合理的预算方案,确保推广活动的资金充足且使用合理。此外,推广计划还应具备可操作性和灵活性,以便根据实际情况进行及时调整和优化,确保推广活动能够取得最佳效果。

二、农牧业推广策略的实施

(一)组织培训与交流

1. 培训班系统化知识的传授

培训班作为农牧业推广的基础形式,通过定期或不定期地举办各类专题培训班,可以系统地向农牧民传授新的农业技术、畜牧养殖技术以及现代管理理念。这些培训班应注重理论与实践的结合,既要有深入浅出的理论讲解,也要有实操演练和案例分析,确保农牧民能够真正掌握所学知识。培训内容应紧跟时代发展,涵盖智能农业、精准农业等前沿领域,提升农牧民的科技素养和创新能力。

2. 研讨会促进思想碰撞与智慧共享

研讨会为农牧民、专家、学者及行业从业者提供了一个交流思想、分享经验的平台。通过邀请国内外知名专家、学者就农牧业发展的热点问题、技术难题进行研讨,不仅可以拓宽农牧民的视野,还能促进知识的更新与迭代。同时,鼓励农牧民积极参与讨论,分享自己的实践经验与问题,形成双向互动的交流机制,促进智慧共享与问题共解。

3. 现场观摩中的直观感受与学习借鉴

现场观摩是农牧业推广中不可或缺的一环,通过组织农牧民参观成功的农牧业生产基地、示范园区,让他们直观感受新技术、新品种、新模式带来的变化与效益。现场观摩不仅能让农牧民亲眼看到技术的应用效果,还能通过亲身体验、现场咨询等方式,深入了解技术的操作要点与注意事项,从而增强学习的针对性和实效性。

（二）提供技术支持与服务

1. 技术咨询及时解答与指导

技术咨询是农牧业推广中最为直接的服务方式，通过建立技术咨询热线、在线服务平台等，为农牧民提供及时、专业的技术解答与指导。咨询内容应涵盖农牧业生产的各个环节，从种子选择、病虫害防治到畜牧养殖、产品加工等，确保农牧民在遇到问题时能够迅速得到帮助，减少生产损失，提高生产效率。

2. 现场手把手教学与实践指导

现场指导是技术推广中最为有效的方式之一，推广人员应深入田间地头、养殖场户，根据农牧民的实际需求，进行手把手的教学与实践指导。通过现场示范、操作演示等方式，帮助农牧民掌握正确的技术操作方法，解决生产中的技术难题。同时，推广人员还应注重与农牧民的沟通交流，了解他们的真实想法与需求，为后续的推广工作提供有力依据。

3. 远程诊断是科技助力与便捷服务

随着信息技术的不断发展，远程诊断在农牧业推广中的应用越来越广泛。通过利用互联网、物联网等技术手段，建立远程诊断平台，可以为农牧民提供远程的技术诊断与咨询服务。这种服务方式不仅突破了地域限制，还能实现资源的优化配置与高效利用。农牧民可以通过手机、电脑等终端设备，随时随地向专家咨询问题、寻求帮助，获得及时、准确的诊断结果与建议。

（三）建立示范点展示

1. 示范点建设打造样板与标杆

示范点作为农牧业推广的重要载体，其建设质量直接关系着推广效果的好坏。因此，应加强对示范点的规划与管理，确保其具有代表性、先进性和可持续性。示范点应选择在自然条件、生产基础等方面具有典型性的地区，通过引入新品种、新模式进行试验示范，形成可复制、可推广的经验与模式。同时，示范点还应注重展示效果与宣传引导,吸引更多农牧民前来参观学习。

2. 成果展示直观呈现与技术普及

示范点的成果展示是农牧业推广的重要环节,通过举办展示会、观摩会等活动,将示范点的成功经验和技术成果以直观、生动的方式呈现给农牧民。展示内容应涵盖新技术应用的增产增效情况、新品种的抗逆性与品质表现、新模式的节能减排与生态环保效果等。通过成果展示,可以让农牧民亲眼看到技术的实际效果与优势,增强他们对新技术的信心与接受度。

3. 示范引领激发热情与推动应用

示范点的最终目的是要发挥示范引领作用,推动新技术、新品种、新模式在更广的范围应用与推广。因此,应注重示范点的辐射带动作用,通过组织农牧民参观学习、举办技术培训与交流活动等方式,将示范点的成功经验与做法传播出去。同时,还应加强与科研机构的合作与沟通,争取更多的资金投入,为示范点的持续发展提供有力保障。

(四)利用媒体进行推广

1. 传统媒体的运用

在农牧业推广中,电视、广播、报纸等传统媒体,凭借其广泛的覆盖范围和深厚的群众基础,成为传递农牧业推广信息的重要渠道。通过电视专题节目、广播直播、报纸专栏等形式,可以深入浅出地介绍最新的农业技术、养殖方法、市场动态等关键信息,帮助农牧民及时了解行业前沿动态,提升生产技能。同时,传统媒体作为权威信息的发布者,其公信力有助于增强农牧民对推广内容的信任度,进而提高他们的参与度。此外,传统媒体还可以通过组织专家访谈、农民经验分享等活动,搭建起农牧民与专家、技术之间的桥梁,促进知识的交流与传播,为农牧业推广工作的深入开展奠定坚实基础。

2. 新媒体平台拓宽传播边界

随着互联网的迅猛发展,新媒体平台已成为农牧业推广的新阵地。互联网、社交媒体等以其即时性、互动性、个性化等特点,为农牧业推广带来了前所未有的机遇。通过官方网站、微信公众号、短视频平台等新媒体渠道,可以迅速发布最新的农业技术成果、市场信息、政策解读等内容,让农牧民随时随地获取所需信息,极大地提高了信息传递的效率和便捷性。同时,新媒体平台的互动性使得农牧民能够即时反馈意见、提出问题,推广人员可以据此及时调整推广策略,实现更加精准的推广服务。此外,利用大数据、人工智能等先进技术,新媒体平台还能根据农牧民的浏览习惯、兴趣偏好等,为其推送定制化的推广内容,进一步提升推广的针对性和有效性。通过新媒体平台的创新应用,农牧业推广得以跨越地域限制,拓宽传播边界,为农牧业的现代化发展注入新的活力。

第三节 农牧业推广的创新手段与方法

一、信息传播创新

(一)搭建多元化宣传平台

1. 官方网站与社交媒体

在数字化时代,官方网站与社交媒体已成为农牧业推广不可或缺的渠道。通过构建功能完善的官方网站,不仅可以及时发布最新的农牧业政策解读、前沿技术介绍以及市场动态分析,还能为农牧民提供一个便捷的信息查询平台。网站设计应注重用户体验,确保信息分类清晰、搜索功能强大,便于用户快速获取所需内容。同时,结合微信公众号和微博账号,利用这些平台的广泛覆盖度和高互动性,定期推送精选文章、实用指南和成功案例,激发农牧民的学习兴趣和参与热情。通过设立在线问答、互动论坛等板块,搭建起政府与农牧民、专家与农户之间的沟通桥梁,形成良性互动机制,有效提升农牧业知识的传播效率和影响力。此外,还可以利用社交媒体的数据分析功能,精准定位目标受众,优化内容策略,使推广更加有的放矢,助力农牧业现代化进程。

2. 线上营销与电商平台

随着电子商务的迅猛发展,线上营销与电商平台已成为农牧产品销售的新阵地。通过在淘宝、京东等知名电商平台开设官方店铺,不仅能够拓宽销售渠道,打破地域限制,还能借助平台的流量优势,快速提升产品知名度。在店铺运营中,应注重商品详情页的设计,用高清图片、翔实描述展现产品特色与优势,同时利用平台提供的优惠券、限时折扣等营销工具,吸引消费者关注并促成交易。此外,结合平台的数据分析工具,深入分析用户行为,优化商品推荐算法,实现个性化营销,提升转化率。同时,积极参与平台的促销活动,如"双11""618"等,借助节日效应扩大品牌影响力。线上营销还应注重口碑建设,鼓励买家评价,及时响应顾客反馈,建立良好的品牌形象,为农牧产品的长期销售奠定坚实基础。

3. 视频直播与短视频

视频直播与短视频以其直观、生动、易于传播的特点,正在成为农牧业推广的新宠。利用抖音、快手等短视频平台,农牧业从业者可以直接展示生产过程的每一个环节,从播种、养殖到收获、加工,全方位展现产品的绿色、健康、原生态特性。通过直播形式,消费者能够实时参与,提问互动,这种"所见即所得"的体验极大地增强了消费者对产品的信任感和购买意愿。同时,短视频平台庞大的用户基数和高效的算法推荐机制,为农牧产品提供了广阔的曝光机会。创作者可以通过创意剪辑、故事化叙述等方式,让视频内容更具吸引力,引发用户的情感共鸣,进而转化为忠实粉丝和潜在顾客。此外,利用短视频平台的广告投放、直播带货等功能,还能实现销售转化与品牌推广的双重目标,为农牧业的发展注入新的活力。

(二)优化宣传渠道与内容

1. 定制化宣传

在农牧业推广的过程中,定制化宣传无疑是一把利器,精准触及不同地域、不同受众的特定需求。我国幅员辽阔,各地区的气候条件、土壤类型、作物种类以及农牧民的实际需求都大相径庭。因此,一刀切的宣传方式往往难以取得理想的效果。定制化宣传则打破了这一僵局,它要求我们在深入了解各地实际情况的基础上,精心策划宣传内容。例如,在干旱地区,我们可以重点推广节水灌溉技术和耐旱作物品种;而在寒冷地区,则应侧重于抗寒养殖技术和冬季饲料储备方法。通过定制化的宣传,我们不仅能够确保信息的针对性和有效性,还能极大地提升农牧民的接受度和满意度。此外,定制化宣传还注重反馈机制的建设,通过定期收集农牧民的反馈意见,不断调整和优化宣传策略,从而实现宣传效果的最大化。这种以农牧民为中心、以需求为导向的宣传方式,无疑为农牧业的持续发展注入了强大的动力。

2. 案例分享与经验交流

案例分享与经验交流是农牧业推广中不可或缺的一环,它不仅能够激发农牧民的学习兴趣,还能有效促进先进技术和经验的传播与应用。在农牧业领域,有许多成功的案例值得我们去挖掘和分享。这些案例可能涉及种植技术的创新、养殖模式的优化、病虫害的有效防治等方面。通过将这些成功案例进行收集、整理并广泛传播,可以让更多的农牧民从中受益。同时,组织线上线下的经验交流活动也是至关重要的。这些活动为农牧民提供了一个面对面交流的平台,让他们能够亲身体验到先进技术和经验的实际效果,从而增强学习的积极性和主动性。在交流过程中,农牧民之间还可以互相切磋、取长补短,共同提升农牧业的生产水平和效益。因此,案例分享与经验交流不仅是农牧业推广的重要手段,更是推动农牧业持续发展的重要力量。

二、技术应用创新

(一)物联网与大数据技术

1. 智能监控与管理

在农牧业领域,物联网技术的应用正逐步改变着传统生产模式。通过在农田、牧场部署各类传感器和摄像头,可以实现对环境参数(如温度、湿度、光照强度)、作物生长状况(如株高、叶面积、果实成熟度)以及畜禽健康状况(如体温、活动量、饮水量)的实时监测。这些数据通过无线网络传输至云端或本地数据中心,形成庞大的数据集。农牧民或管理人员只需通过手机、电脑等终端设备,即可远程查看实时数据,掌握生产现场的最新情况。这种智能监控不仅提高了生产效率,还大大减少了人力成本。更重要的是,基于这些实时数据,可以及时发现潜在问题,如环境异常、作物病虫害初期症状或畜禽疾病预兆,从而迅速采取应对措施,确保农牧业生产的稳定性和可持续性。

2. 大数据分析

在物联网技术收集到的大量数据基础上,大数据分析技术发挥着至关重要的作用。通过对这些数据进行深度挖掘和综合分析,可以揭示出许多隐藏在数据背后的规律和趋势。例如,通过历史销售数据和市场需求预测模型,可以较为准确地预测未来一段时间内的市场需求变化,帮助农牧民合理安排生产计划,避免盲目种植或养殖导致的供需失衡。同时,对病虫害发生的历史数据进行时间序列分析,可以预测其未来的发展趋势,为病虫害防治提供科学的时间窗口和策略选择。此外,大数据分析还能帮助发现生产过程中的瓶颈环节,提出优化建议,如调整作物种植结构、改进畜禽饲养管理等,从而全面提升农牧业生产的科学性和效率。

(二)农牧业推广人工智能与机器学习

1. 智能识别与预警

人工智能技术在农牧业中的应用,特别是在智能识别与预警方面,展现出了巨大的潜力。通过训练深度学习模型,可以实现对作物病虫害、畜禽疾病的自动识别。这些模型能够基于图像识别技术,快速准确地识别出病虫害的种类和严重程度,甚至能在病虫害初期,肉眼难以察觉时,就发出预警信号。对于畜禽疾病,人工智能可以通过分析畜禽的行为模式、生理指标等,提前发现疾病征兆,为及时治疗赢得宝贵时间。这种智能识别与预警系统,不仅提高了病虫害防治和畜禽疾病管理的精准度,还大大减少了因延误治疗而导致的损失,是提升农牧业生产质量和效益的重要手段。

2. 精准种植与养殖

机器学习算法在农牧业中的另一大应用是精准种植与养殖。通过对历史生产数据的学习,机器学习模型能够找出影响作物生长和畜禽生长性能的关键因素,并据此优化生产参数。在种植业中,模型可以计算出最佳种植密度、施肥量、灌溉量等,实现农作物的精准种植。这不仅提高了作物的产量和品质,还减少了化肥、水资源的浪费,促进了农业的可持续发展。在养殖业中,机器学习可以根据畜禽的生长状况,如体重、生长速度、饲料转化率等,动态调整饲料配方和养殖环境,如温度、湿度、光照等,以达到最佳的养殖效果。这种精准养殖方式,不仅提高了畜禽的生长性能和健康状况,还降低了饲料成本,提高了养殖效益。通过人工智能与机器学习的结合,农牧业正逐步迈向智能化、精准化的新时代。

三、合作模式创新

(一)农牧业推广产学研用一体化

1. 校企合作

高校与科研机构,作为知识的摇篮,蕴藏着丰富的科研成果和创新理念;而农牧企业,则是这些成果落地生根、开花结果的沃土。通过深度合作,双方能够充分发挥各自优势,共同研发新技术、新产品,为农牧业注入源源不断的活力。这种合作模式不仅加速了科技成果的转化应用,使得科研成果能够更快地服务于生产实践,还促进了企业与科研机构的良性互动,形成了产学研用的紧密链条。在合作过程中,高校与科研机构为企业提供技术支持和理论指导,而企业则通过市场反馈,为科研方向提供宝贵的实践依据,双方携手共进,共同推动农牧业的科技进步与产业升级。

2. 技术培训与服务

农牧业的发展离不开科技的支持,而科技的普及与应用则依赖于有效的技术培训与服务。为了将先进的农牧业技术送到农牧民手中,应组织一支由专家教授、技术人员组成的强大团队,深入农牧区一线,开展形式多样的技术培训与现场指导。这些培训涵盖了种植技术、养殖管理、病虫害防治等多个方面,旨在帮助农牧民解决生产中的实际问题,提高他们的生产技能和经济效益。通过面对面的交流与指导,专家能够及时了解农牧民的需求与困惑,为他们提供量身定制的解决方案。同时,还应建立长期的技术服务机制,确保农牧民在遇到问题时能够及时得到帮助,从而推动农牧业技术的广泛应用与持续进步。

(二)农牧业推广社会参与型推广

1. 社会资本投入

农牧业推广工作的顺利开展,离不开充足的资金支持。为了形成多元化的投资格局,应积极鼓励社会资本投入农牧业推广领域。社会资本具有灵活性高、创新性强等特点,能够为农牧业推广带来新的思路和模式。通过引入社会资本,不仅能够拓宽资金来源渠道,还能够借助市场的力量,推动农牧业推广工作的市场化、专业化进程。同时,社会资本的投资还能够促进农牧业产业链的延伸与升级,带动相关产业的发展,形成良性循环。在政策的引导和支持下,越来越多的社会资本开始关注并投资于农牧业推广领域,为农牧业的持续健康发展注入了新的活力。

2. 公众参与与监督

为了提高推广工作的透明度和公信力,应建立公开透明的推广机制,并积极吸引公众参与农牧业推广的监督与评估。通过定期发布推广工作的进展情况、成效数据等信息,让公众对推广工作有更加全面、深入的了解。同时,还应设立监督渠道和反馈机制,鼓励公众对推广工作提出意见和建议,对存在的问题进行举报和反映。公众的参与与监督不仅能够促进推广工作的规范化、科学化进程,还能够增强农牧民对推广工作的信任和支持,形成全社会共同参与、共同推动农牧业发展的良好氛围。

第四节　农牧业推广效果的评估与反馈

一、农牧业推广效果的评估方法

(一)经济效果评估

1.农业人均收入

农业人均收入的提高,是农牧业推广经济效果最为直观的反映。在推广工作的推动下,农户采用了更为高效、科学的农业生产方式,这不仅提升了农作物的产量,而且在无形中提高了农户的经济收益。通过广泛的调查,对农户的收入情况进行了全面的了解。结果显示在技术推广应用的地区,农户的人均收入相较于未推广地区有了显著的增长。这种增长不仅体现在农作物销售收入的增加上,更包括因生产效率提升而节省的劳动力成本、因品质提升而获得的更高市场售价等多个方面。农业人均收入的提高,不仅改善了农户的生活条件,还激发了他们参与农牧业推广的积极性,形成了良性循环,为农牧业的持续发展注入了强大的动力。

2.投入产出率

在农业生产过程中,投入产出率是评价生产成本与收益关系的重要指标,也是衡量农牧业推广经济效果不可或缺的一环。通过对农业生产过程中的各项投入,如种子、化肥、农药、劳动力等成本进行细致核算,并与最终的农产品销售收入进行对比,计算出了投入产出率。充分反映了在推广先进的农牧业技术后,投入产出率得到了显著提升。这意味着,在相同的投入下,农户能够获得更高的产出和收益。投入产出率的提高,不仅体现了推广技术在提高农业生产效益方面的显著效果,更为农户提供了更为科学、合理的生产决策依据。通过不断优化投入产出结构,农户能够在保证产量的同时,实现经济效益的最大化,为农牧业的可持续发展奠定坚实的经济基础。

(二)农牧业推广社会效果评估

1. 单位面积产量

随着农牧业技术的不断进步与推广,传统农业向现代农业的转型加速,这不仅要求农业生产效率的提升,也促使农民职业结构发生深刻变化。推广技术通过引入高效种植养殖技术、农产品加工与营销策略等,为农民提供了更多元化的就业机会。例如,智能化农业装备的普及使得部分农民能够转型为技术操作员或维护人员;而农产品电商的兴起,则让农民有机会成为网络营销员或物流配送员。农民转移就业率的提升,不仅意味着农民收入结构的多样化,也反映了推广技术在推动农村经济社会结构转型中的积极作用。通过持续监测这一指标,可以评估推广技术对农村劳动力流动、就业结构变化以及农民收入增长的实际影响,为进一步优化推广策略、促进农民全面发展提供数据支持。

2. 农民技能培训率

在农牧业现代化进程中,农民的科技素养和专业技能直接关系着农业生产的效率和质量。推广技术通过组织各类技能培训活动,如新型职业农民培训、农业技术讲座、现场示范教学等,旨在提高农民对现代农业科技的理解和应用能力。这些培训不仅涵盖种植养殖技术、病虫害防治、土壤管理等传统农业知识,还涉及农产品品牌塑造、市场营销、电子商务等现代农业经营技能。农民技能培训率的提升,意味着农民群体整体素质的增强,有助于推动农业生产方式由粗放型向集约型转变,提高农业生产的科技含量和附加值。同时,技能的提升也增强了农民适应市场变化的能力,为他们开拓更广阔的职业发展空间奠定了坚实基础。因此,定期评估农民技能培训率,对于了解推广技术在提升农民素质、促进农业现代化进程中的作用至关重要。

3.农民人均住宅面积

随着农牧业推广技术的深入实施,农业生产效率的提高带动了农民收入的增加,进而促进了农民对居住环境的改善需求。农民利用增加的收入改善住房条件,不仅体现在住宅面积的扩大上,更体现在住房结构的优化、居住设施的完善以及居住环境的美化上。例如,许多农民开始建造更加坚固、美观的砖混结构房屋,安装太阳能热水器、卫生洁具等现代生活设施,甚至打造庭院绿化,提升居住品质。农民人均住宅面积的增加,不仅是物质生活水平提高的直接体现,也是农民精神文化生活丰富、生活质量全面提升的重要标志。通过监测这一指标,可以评估推广技术在促进农村经济社会发展、改善农民民生福祉方面的成效,为进一步制定和实施更加精准的农牧业推广政策提供科学依据。

(三)生态效果评估

1.平均肥料使用量

在传统农业生产模式中,过量施用化肥是导致土壤退化、水体污染等环境问题的重要因素。农牧业推广技术通过引入测土配方施肥、微生物肥料替代、有机肥与无机肥结合等科学施肥方法,旨在提高肥料的利用率,减少化肥的过量使用。评估平均肥料使用量的变化,不仅能够直观反映推广技术在减少化肥投入、降低农业生产成本方面的效果,还能间接体现其对改善土壤质量、减少环境污染的生态贡献。随着推广技术的深入实施,农民逐渐认识到科学施肥的重要性,平均肥料使用量的合理下降,标志着农业生产向绿色、可持续方向迈出重要一步。

2.平均农药使用量

农药的过度使用不仅威胁人类健康,还严重破坏生态平衡,影响生物多样性。推广技术通过推广生物防治、物理防控、精准施药等绿色防控技术,以及高效低毒、低残留农药的使用,旨在减少农药的依赖和滥用。通过对比推广前后的平均农药使用量,可以清晰看到推广技术在降低农药使用量、减轻环境压力方面的显著成效。这一指标的改善,不仅意味着农产品更安全、更健康,也体现了农业生产对生态环境保护的责任和担当,是农牧业可持续发展道路上的重要里程碑。

3. 有效灌溉率

有效灌溉率作为评估农业水资源利用效率的关键指标,直接反映了推广技术在节水灌溉、提高水资源管理水平方面的成效。在水资源日益紧张的今天,提高灌溉水的有效利用率,减少水资源浪费,对于保障国家粮食安全、促进农业可持续发展具有重要意义。推广技术通过引入滴灌、喷灌、渗灌等节水灌溉技术,以及智能灌溉管理系统,实现了灌溉水的精准控制和高效利用。有效灌溉率的提升,不仅意味着农业生产用水效率的提高,还促进了土壤水分的合理调节,改善了农田生态环境,增强了作物的抗旱能力。这一指标的持续优化,是农牧业推广技术在推动农业节水、保护水资源、促进生态文明建设方面取得的重要成果,对于构建绿色、高效、可持续的农业发展模式具有深远影响。

二、农牧业推广效果的反馈

(一)收集反馈渠道

在农牧业推广过程中,为了确保反馈的及时性和有效性,需要建立多种反馈渠道。官方网站留言板作为一种传统的反馈方式,为消费者提供了一个直接表达意见和建议的平台。同时,随着社交媒体的普及,利用社交媒体互动区收集反馈也成为一种高效的方式。消费者可以在微博、微信、抖音等平台上留言、评论,表达对推广活动的看法。此外,客服热线也是收集消费者反馈的重要途径,通过电话沟通,可以更加直接地了解消费者的需求和不满。除了上述线上渠道外,定期组织消费者座谈会、问卷调查等活动也是收集反馈的有效方式。座谈会可以邀请消费者代表参与,面对面地交流推广活动的优缺点,收集更加深入的意见和建议。问卷调查则可以通过设计科学的问题,全面了解消费者对推广活动的满意度、关注点以及改进建议。通过线上线下相结合的方式,可以确保反馈渠道的多样性和全面性,为后续的反馈分析提供充足的数据支持。

(二)分析反馈内容

在农牧业推广过程中,需要对反馈内容进行分类整理,将相似的反馈归类在一起,方便后续的分析和处理。在分类整理的过程中,可以关注消费者的主要关注点,如产品质量、服务态度、推广策略等,了解消费者对这些方面的满意度和不满之处。而且,要深入挖掘反馈背后的原因。例如,如果消费者普遍反映产品质量问题,就需要进一步分析是原材料问题、生产工艺问题还是质量控制问题导致的。如果消费者对推广策略不满,就需要思考是推广内容不够吸引人、推广渠道不够广泛,还是推广时机不够恰当。通过深入挖掘原因,可以更加准确地找到问题的根源,为制定改进措施提供有力的依据。在分析反馈内容的过程中,还需要注重客观性和公正性。要避免因为个人偏见或主观判断而影响分析结果的准确性。同时,也要保持开放的心态,积极接受消费者的意见和建议,为优化推广策略提供有益的参考。

(三)制定改进措施

根据反馈分析的结果,制定具体的改进措施是提升农牧业推广效果的关键步骤。针对产品质量问题,可以着手优化生产流程、加强质量控制,确保产品符合消费者的期望和需求。对于推广策略不当的情况,可以调整推广内容、拓展推广渠道、优化推广时机,以提高推广的针对性和有效性。在制定改进措施时,需要明确改进责任人和时间节点。每项改进措施都应该由具体的负责人来推动实施,并设定明确的时间节点来确保改进的进度和效果。同时,还需要建立监督机制,对改进措施的执行情况进行跟踪和评估,确保改进措施得到有效执行。此外,制定改进措施时还需要考虑可行性和成本效益。要确保改进措施在实际操作中能够得到有效执行,并且带来的效益能够覆盖实施成本。

通过综合考虑多个方面的因素,可以制定出更加科学、合理、可行的改进措施,为提升农牧业推广效果提供有力的保障。

(四)跟踪改进效果

制定改进措施并付诸实施后,跟踪改进效果是评估改进措施是否有效、是否需要进一步优化的重要环节。通过定期跟踪改进措施的执行情况,可以及时了解改进措施在实际操作中的效果和问题。例如,可以通过对比改进前后的销售数据、消费者满意度等指标来评估改进措施的效果。在跟踪改进效果的过程中,如果发现改进措施没有达到预期的效果或者出现了新的问题,就需要及时调整改进策略。可以根据实际情况对改进措施进行优化和调整,以确保其更加符合消费者的需求和期望。同时,也需要保持与消费者的沟通和互动,及时了解他们的反馈和意见,为进一步优化改进措施提供有益的参考。此外,通过持续跟踪改进效果并及时调整改进策略,可以确保农牧业推广活动能够持续满足消费者的需求,提升品牌影响力和市场竞争力。同时,也可以为未来的推广活动提供宝贵的经验和教训,为不断优化推广策略奠定坚实的基础。

第六章　种植业技术推广与应用

第一节　种植业技术推广的策略规划与实施路径

一、种植业技术推广的策略规划步骤

(一)选择适宜技术

在种植业技术推广的策略规划中,选择适宜技术是关键一步。这要求深入调研当地的气候条件,包括温度、降水、光照等自然因素,确保推广的技术能够与当地环境相匹配,避免盲目引进不适应当地环境的技术造成资源浪费。同时,要详细分析土壤特性,如土壤类型、肥力状况、酸碱度等,选择能够改善土壤结构、提高土壤肥力的技术。作物种类也是技术选择的重要依据,不同作物对技术的需求各不相同,需针对性推广。此外,农户需求同样不可忽视,要通过问卷调查、座谈会等方式,深入了解农户在生产中遇到的实际问题和技术需求,确保推广的技术能够真正解决农户的燃眉之急。高效节水灌溉技术、病虫害绿色防控技术、土壤改良与培肥技术、作物新品种及配套栽培技术等,都是根据这些原则精选出来的,旨在全面提升种植业的生产效率和可持续发展能力。

(二)构建推广体系

构建科学合理的推广体系,是种植业技术推广的重要保障。这一体系应涵盖科研单位、企业和农户三大主体,形成紧密的合作关系。科研单位作为技

术创新的源头,负责新技术的研发与成果转化,通过不断的科学研究和试验,为技术推广提供科学依据和技术支撑。企业则凭借其市场化运作的能力,将科研成果转化为产品,通过规模化生产降低成本,提高技术的普及率。农户作为技术的最终用户,是技术推广的直接受益者,需要通过技术培训和应用指导,提升技术应用能力,实现增产增收。这一推广体系的有效运行,需要政府部门的政策引导和支持,以及社会各界的广泛参与,共同推动种植业技术的快速、广泛传播。

(三)加强技术指导

为了确保农户能够正确、有效地应用新技术,必须组织专家团队深入田间地头,开展面对面的技术培训与现场指导。专家团队应由具有丰富实践经验的农业技术人员组成,他们能够根据农户的实际情况,提供针对性的技术解决方案。同时,建立农业技术示范基地,通过展示新技术、新品种的应用效果,让农户直观感受到技术的优越性,从而激发他们的应用热情。技术示范基地还应成为技术交流的平台,鼓励农户之间相互学习、分享经验,形成良好的技术推广氛围。此外,还可以利用现代信息技术手段,如远程视频教学、在线问答等,拓宽技术指导的渠道,提高技术指导的效率和覆盖面。

(四)推动产学研用结合

高校和科研机构拥有雄厚的科研实力和人才优势,是新技术、新品种的研发基地。农业企业则了解市场需求,能够将科研成果快速转化为产品,推向市场。因此,鼓励高校、科研机构与农业企业开展深度合作,共同研发新技术、新产品,对于推动种植业技术的快速发展具有重要意义。通过建立产学研用合作机制,可以实现技术创新与市场需求的有效对接,确保研发的技术能够真正满足农业生产的需要。同时,这种合作模式还能够促进科技资源的优化配置和共享,提高科技创新的效率和效益。产学研用结合不仅能够推动种植业技术的快速发展,还能够为农业产业的升级转型提供强大的技术支撑。

二、种植业技术推广实施路径

(一)加大资金投入力度

为确保技术推广工作的顺利进行,必须加大资金投入力度。相关部门应设立专项基金,用于支持种植业技术的研发、示范与推广。这些资金不仅要用于科研项目的立项与实施,还要用于技术成果的转化与应用。同时,应鼓励社会资本投入,形成多元化的资金投入机制。通过政府引导、企业参与、社会支持的方式,为种植业技术推广提供充足的资金保障。资金的投入要精准高效,确保每一分钱都用在刀刃上,既要满足技术研发的需求,又要保障示范推广的顺利进行。此外,还应建立资金监管机制,对资金使用情况进行严格监督,确保资金的安全与有效使用,为种植业技术推广提供坚实的物质基础。

(二)注重技术研发与成果转化

为提升种植业技术水平,科研单位应紧密围绕农业生产中的关键问题,开展深入细致的研究工作。这包括但不限于作物育种、病虫害防治、土壤改良、节水灌溉等领域。通过科研攻关,不断取得新的技术突破,为农业生产提供有力的技术支撑。同时,应注重技术成果的转化与应用。科研成果只有转化为实际生产力,才能真正发挥其价值。因此,科研单位应与技术推广部门、农业企业等密切合作,通过技术鉴定、示范推广等方式,将成熟的科技成果快速应用于农业生产实践中。这不仅能够提升农业生产效率,还能促进科研成果的产业化,实现科研与生产的良性循环。

(三)设立示范基地与培训网络

为加快种植业技术的推广与应用,应在主要农作物产区建立农业技术示范基地。这些示范基地应选取具有代表性的地块,展示新技术、新品种在实际生产中的效果,为农户提供直观的学习样本。同时,应建立覆盖县、乡、村的农业技术培训网络。通过定期举办培训班、现场指导等方式,为农户提供便捷的技术学习渠道。培训内容应涵盖种植业技术的各个方面,包括理论知识、操作技能、病虫害防治等。通过系统的培训,提升农户的技术水平与应用能力,为种植业技术推广奠定坚实的基础。

(四)加强市场宣传

为扩大技术的影响力与知名度,应通过电视、广播、报纸、网络等媒体渠道,广泛宣传种植业技术推广的重要性和成果。这不仅能够提升公众对技术的认知度与接受度,还能吸引更多农户和企业的关注与参与。同时,应组织技术交流会、现场观摩会等活动。这些活动能够为农户提供面对面的交流平台,让他们亲身体验新技术、新品种带来的好处。通过互动交流、经验分享等方式,激发农户对技术的兴趣与热情,推动种植业技术在更广泛的范围内得到应用与推广。此外,还应加强与农业企业、合作社等市场主体的合作,通过市场化运作,将技术成果转化为实际产品,实现技术的产业化应用与推广。

第二节　种植业技术应用的成效评估与问题识别

一、种植业技术应用的主要成效评估

(一)作物产量与品质提升

种植业技术的应用,无疑为作物产量与品质的提升注入了强劲动力。高产作物品种的引入,是这一变革的基石。这些品种经过精心选育,具有更强的抗逆性、更高的产量潜力,为农业生产带来了显著的增产效果。与此同时,科学的种植管理技术也发挥了至关重要的作用。通过合理的密植、轮作、间作等栽培措施,不仅提高了作物的光能利用率,还优化了土壤结构,为作物生长提供了更加有利的条件。此外,精准的施肥灌溉技术更是锦上添花。它根据作物的生长需求和土壤状况,提供量身定制的营养和水分,确保了作物的健康生长,进而实现了产量的稳步提升。值得一提的是,绿色防控技术的推广,有效减少了病虫害对作物的危害,保障了作物的品质。如今,农产品不仅产量丰厚,还在口感、营养成分等方面实现了质的飞跃,大大提升了市场竞争力,为农民带来了实实在在的收益。

(二)资源利用效率提高

精准农业技术的兴起,使得灌溉不再盲目。通过实时监测土壤墒情、作物生长状况以及天气变化,系统能够智能地制订灌溉计划,确保每一滴水都用在刀刃上。节水灌溉技术的推广,如滴灌、喷灌等,更是极大地减少了水资源的浪费。这些技术通过精确控制水量和灌溉时间,提高了灌溉水的有效利用率,使得同样的水资源能够灌溉更多的田地,产出更多的农产品。同时,科学的施肥技术也减少了化肥的过量使用,避免了养分的流失和浪费,提高了肥料的利用率。这些技术的应用,不仅节约了资源,还降低了生产成本,为农业的可持续发展奠定了坚实基础。

(三)经济效益增加

产量的提升和品质的改善,直接提高了农产品的市场售价和销量。农民通过销售高品质的农产品,获得了更高的收入。同时,资源利用效率的提高也降低了生产成本。精准农业和节水灌溉技术的应用减少了水肥的浪费,绿色防控技术降低了农药的使用量,这些都为农民节省了大量的开支。此外,种植业技术的应用还促进了农业产业的升级和转型。农民通过参与技术培训、引进新品种和新技术,提高了自身的生产能力和市场竞争力。一些农民还利用电商平台将农产品销往全国各地,甚至出口到国外,进一步拓宽了销售渠道,增加了经济收入。种植业技术的应用,不仅让农民的钱袋子鼓了起来,还为农业经济的发展注入了新的活力。

(四)生态环境改善

传统农业中,过量使用化肥和农药是导致农业面源污染的主要原因之一。
而种植业技术的应用,特别是绿色防控技术的推广,有效减少了化肥和农药的
使用量。这不仅降低了土壤和水体的污染风险,还保护了生态环境的安全。
同时,生态农业技术的应用也促进了生物多样性的保护。通过构建生态农田、
种植绿肥作物等措施,增加了农田生态系统的复杂性和稳定性,为野生动植物
提供了更多的栖息地和食物来源。此外,节水灌溉技术的应用还减少了水资
源的浪费,避免了因过度开采地下水而导致的生态问题。种植业技术的应用,
不仅提高了农业生产效率,还实现了经济与生态的双赢,为农业的可持续发展
开辟了新的道路。

二、种植业技术应用中的问题识别

(一)技术推广难度大

尽管新技术可能带来显著的产量提升和成本节约,但农民往往因为缺乏
足够的技术培训和应用指导,而对新技术持观望或抵触态度。他们担心新技
术带来的不确定性,以及可能带来的额外成本投入。此外,新技术的成本较高
也是推广难度大的一个重要原因。对于一些经济条件较差的农户来说,即使
新技术具有诱人的前景,他们也可能因为无法承担高昂的初期投入而选择放
弃。因此,如何降低新技术的成本,提高农民的接受度,成为技术推广过程中
亟待解决的问题。这要求科研机构和企业共同努力,通过技术培训、资金补贴
等多种手段,推动新技术在农民中的普及和应用。

(二)技术应用效果参差不齐

由于不同地区的气候条件、土壤特性等自然因素存在差异,同一种技术在
不同地区的应用效果可能会有显著差异。这种差异不仅体现在产量上,还可

能影响农产品的品质和市场竞争力。此外,农户的技术应用能力和管理水平也是影响技术应用效果的重要因素。一些农户可能因为缺乏必要的农业知识和技能,而无法充分发挥新技术的潜力。因此,在实际应用过程中,需要根据当地的实际情况进行技术调整和优化,确保技术能够适应当地的环境条件和农户的需求。这要求技术推广人员具备丰富的实践经验和专业知识,能够根据具体情况提供个性化的技术指导和支持。

(三)技术更新换代快

随着科技的不断发展,种植业技术的更新换代速度也在加快。而由于技术推广和应用存在一定的滞后性,一些地区可能仍然在使用落后的种植技术。这不仅影响了农业生产效率的提升,还可能对生态环境造成不利影响。例如,过时的灌溉技术可能导致水资源的浪费和土壤盐碱化等问题。因此,加强技术更新换代的力度,及时将新技术推广到广大农户手中,成为当前种植业技术发展的重要任务。这要求科研机构和企业需保持紧密的合作关系,不断推动技术创新和成果转化,确保新技术能够及时、有效地应用到农业生产中。

(四)缺乏长期效益评估

目前对于种植业技术应用的成效评估主要集中在短期效益上,如产量提升、经济效益增加等。而对于技术的长期效益评估却相对较少。长期效益评估不仅需要考虑技术的经济效益,还需要考虑其对生态环境、社会福祉等方面的影响。例如,某些新技术可能短期内提高了产量,但长期来看可能对土壤健康造成损害,或者对生物多样性产生负面影响。因此,加强长期效益评估的研究和实践工作,对于确保种植业技术的可持续发展具有重要意义。这要求科研机构和企业需建立长期的监测和评估机制,定期收集和分析数据,评估技术的长期影响,为技术推广和应用提供科学依据。同时,也需要加强公众对长期效益评估的认识和理解,提高社会对可持续农业发展的重视程度。

第三节 种植业技术创新的激励机制与路径选择

一、种植业技术创新的主要激励机制

(一)市场激励

1.市场需求导向

在种植业中,通过深入的市场调研和分析,可以精准把握消费者对农产品的多样化需求,包括品质、口感、营养、外观以及安全性等方面。这些信息为技术创新提供了明确的方向和目标。例如,随着消费者对健康食品的追求日益增长,种植业可以聚焦于开发低糖、低脂、高纤维或富含特定营养成分的作物新品种,以满足市场需求。市场需求导向的技术创新不仅能够提升农产品的市场竞争力,还能促进农业产业链的升级和转型。

2.市场竞争环境

在激烈的市场竞争中,企业为了保持或扩大市场份额,必须不断寻求技术创新,以提高产品差异化程度和附加值。种植业企业可以通过引进或自主研发新技术,如精准农业、智能灌溉、病虫害绿色防控等,来降低生产成本,提高作物产量和品质,从而在市场竞争中占据优势地位。市场竞争压力促使企业不断加大技术创新的投入,形成良性循环,推动整个行业的技术进步。

(二)产权激励

1.知识产权保护

知识产权保护是技术创新的重要保障。通过专利申请、商标注册、著作权登记等手段,创新者可以确保其创新成果得到法律的保护,防止被他人非法复制或侵权。在种植业中,新品种的培育、新型农药和化肥的研发、农业机械化技术的进步等,都是可以通过知识产权保护来激励的技术创新领域。知识产权保护不仅为创新者提供了经济上的回报,还增强了其创新的动力和信心,促进了技术的持续创新和升级。

2. 成果转化收益

当创新成果转化为实际产品并投放市场时,创新者可以通过销售产品获得经济收益。这种收益是直接的、可见的,对于激发创新者的积极性具有极大的作用。在种植业中,通过技术创新培育出的高产、优质、抗逆性强的作物新品种,往往能够带来显著的经济效益。这种经济效益的示范效应会进一步激发其他企业和个人投入技术创新,形成技术创新与经济效益相互促进的良性循环。

(三) 人才激励

1. 人才引进与培养

人才是技术创新的核心要素,为了吸引和留住优秀人才,种植业企业需要提供具有竞争力的薪资待遇、良好的工作环境以及广阔的职业发展空间。同时,企业还应建立完善的培训体系,为科技人员提供持续的学习和成长机会,帮助他们不断更新知识结构,提升专业技能。通过人才引进与培养,种植业企业可以构建起一支高素质、创新能力强的科技队伍,为技术创新提供源源不断的人才支持。

2. 科学的绩效评价与奖励机制

科学的绩效评价与奖励机制是激发人才创新热情的关键,种植业企业应建立公正、透明的绩效评价体系,根据科技人员在技术创新中的贡献程度给予相应的评价和奖励。这种奖励可以是物质上的,如奖金、股权激励等;也可以是精神上的,如荣誉表彰、职称晋升等。通过绩效评价与奖励机制,企业可以营造出一种尊重创新、鼓励创新的良好氛围,激发科技人员的创新潜能和积极性。同时,这种机制还能促进科技人员之间的良性竞争和合作,推动整个团队的技术创新水平不断提升。

二、种植业技术创新的路径选择

(一)引进消化吸收再创新

在全球化日益加深的今天,引进国外先进的种植业技术和管理经验,已成为快速提升国内种植业技术水平的重要途径。不仅要积极引进,更要注重消化吸收,将这些技术与国内实际情况相结合,进行再创新。这意味着不仅要学习国外的先进技术,更要理解其背后的科学原理和应用场景,从而在国内的种植环境中找到最佳的应用方式。通过引进消化吸收再创新,可以迅速弥补技术短板,缩小与国际先进水平的差距。同时,这种创新方式还能够激发国内科研人员的创造力,推动他们在引进技术的基础上,开发出更加适合国内种植条件的新技术、新品种。这样,我们不仅能够提升种植业的整体技术水平,还能够增强国内种植业在国际市场上的竞争力。

(二)推动农业信息化建设

随着信息技术的飞速发展,农业信息化建设已成为推动种植业技术创新的重要力量。利用现代信息技术手段,可以实现农业生产过程的实时监测、精准管理和智能决策。通过建设农业信息化平台,可以将种植业的各个环节紧密连接起来,形成一个高效协同的系统。在这个系统中,可以实时获取作物的生长数据、土壤的环境数据以及天气的变化数据,从而制订出更加科学合理的种植计划和管理措施。同时,农业信息化平台还能够为农民提供便捷的信息服务,帮助他们更好地掌握市场动态、调整种植结构、提高产品质量。这样不仅能够提高农业生产效率和产品质量,还能够促进农业产业的转型升级和可持续发展。

(三)发展生态农业和循环农业

推动种植业向生态农业和循环农业方向发展,已成为种植业技术创新的重要路径之一。生态农业尤为注重保护生态环境、维护生物多样性,通过采用绿色防控技术、有机肥料等环保措施,减少农药化肥的使用量,降低农业面源污染。而循环农业则强调农业资源的高效利用和废弃物的资源化利用,通过构建农业生态系统内部的物质循环和能量流动,实现农业生产的可持续发展。发展生态农业和循环农业,不仅能够提高农产品的品质和安全性,还能够保护生态环境、促进农业与自然的和谐共生。同时,这种农业模式还能够为农民提供更加多元化的收入来源,提高他们的生活水平和幸福感。

(四)培育新型农业经营主体

在种植业技术创新的过程中,农民合作社、农业企业等新型主体具有较强的市场意识和创新能力,能够成为推动种植业技术创新的重要力量。通过培育这些新型主体,可以形成一批具有核心竞争力的农业企业集群,带动整个种植业产业的转型升级。为了培育新型农业经营主体,需要为他们提供政策支持和资金扶持,帮助他们扩大规模、提升实力。同时,还需要加强对他们的培训和教育,提高他们的管理水平和创新能力。这样才能够打造出一支具有强大创新能力和市场竞争力的新型农业经营主体队伍,为种植业技术的创新和发展提供源源不断的动力。

第四节 种植业技术推广的示范效应与带动作用

一、种植业技术推广起到的示范效应

(一)技术展示与验证

1. 设立示范田

技术推广的示范效应,其核心在于通过直观、生动的方式展示新技术和新品种的实际效果,从而消除农民的疑虑,增强他们采纳新技术的信心。这一过程不仅关乎技术的传播,更是农民心理转变的关键环节。而示范田的设立,是技术推广中最直接、最有效的展示方式。通过选取具有代表性的地块,应用新技术、新品种进行实地种植,农民可以目睹新技术在真实环境下的表现。从播种到收获,每一个环节都成了技术的"演练场",让农民直观感受到新技术带来的产量提升、品质改善、病虫害减少等实际效益。这种"眼见为实"的体验,极大地增强了农民对新技术的信心,为后续的技术推广奠定了坚实的基础。

2. 实验基地的科研支撑

在实验基地中,科研人员可以对新技术和新品种进行更为深入、系统的研究,探索其最佳应用条件、潜在风险及应对措施。这些科研成果不仅为技术推广提供了科学依据,也通过科普活动、技术讲座等形式,让农民更加深入地了解新技术的科学原理和应用价值,进一步消除他们的疑虑。

3. 直观展示的效果评估

技术展示与验证的效果评估,是确保技术推广成功的重要环节。通过对比示范田与传统农田的产量、品质等指标,可以量化新技术的实际效益。同时,通过收集农民的反馈意见,可以了解他们对新技术的接受程度、使用过程中遇到的问题及改进建议。这些评估结果不仅为技术推广策略的调整提供了依据,也通过公开透明的展示方式,增强了农民对技术推广机构的信任。

(二)技术普及与传播

1. 农民参观示范田技术展示与验证的成功,为技术普及与传播奠定了坚实的基础

通过一系列有效的传播手段,新技术、新品种能够迅速在农民中传播开来,实现技术的广泛应用和农业生产的全面提升。而组织农民参观示范田,是技术普及与传播的重要手段之一。通过目睹新技术的实际效果,农民能够深刻感受到新技术带来的好处,从而激发他们尝试新技术的兴趣。此外,示范田中的成功案例也为农民提供了可借鉴的经验,帮助他们更好地理解和应用新技术。

2. 技术培训班使得农民得到系统学习,提升能力

举办技术培训班,是技术普及与传播的一种重要途径。通过邀请专家、学者授课,农民可以系统地学习新技术的科学原理、应用方法、注意事项等。这种集中式的培训方式不仅提高了农民的技术水平,也增强了他们应用新技术的信心和能力。同时,培训班还为农民提供了一个交流学习的平台,促进了技术的传播和经验的分享。

3. 多元化传播渠道拓宽种植技术视野,增强影响

除了传统的示范田参观和技术培训班外,现代科技手段为技术普及与传播提供了更多元化的渠道。例如,通过互联网、手机 APP 等新媒体平台,农民可以随时随地获取新技术的相关信息和案例分享。这些平台不仅拓宽了农民的视野,也增强了技术传播的影响力和覆盖面。同时,通过线上线下的互动交流,农民还可以及时提出疑问、分享经验,形成技术传播的良性循环。

二、种植业技术推广的带动作用

(一)产业升级与转型

1. 现代农业技术的催化作用

种植业技术推广的核心在于将现代科技融入传统农业,以科技的力量推动农业产业的升级与转型。精准农业技术的引入,使得农业生产从粗放式管理向精细化、智能化转变成为可能。通过卫星遥感、物联网、大数据等先进技术手段,农民能够精确掌握农田的土壤状况、作物生长情况以及气候条件,从而制订出更为科学合理的种植计划和管理措施。这种精准化的农业生产方式,不仅提高了农作物的产量和品质,还大大降低了生产成本,提升了农业生产的整体效益。而智能灌溉技术的推广,则是另一大亮点。传统的灌溉方式往往造成水资源的浪费,而智能灌溉系统能够根据作物的实际需水量进行精准灌溉,既满足了作物的生长需求,又节约了水资源。这种智能化的灌溉方式,不仅提高了水资源的利用效率,还促进了农业生产的可持续发展。其中,病虫害绿色防控技术的普及,更是为农业产业的升级与转型注入了新的活力。通过生物防治、物理防治等环保手段,有效减少了化学农药的使用量,降低了农产品的农药残留,提高了农产品的安全性和品质。这种绿色的防控方式,不仅符合现代消费者对健康食品的追求,也推动了农业向更加环保、可持续的方向发展。

2. 农业产业结构的优化升级

随着现代农业技术的广泛应用,农业产业链得以延伸,农业附加值得到提升。例如,通过推广农产品深加工技术,可以将初级农产品转化为高附加值的食品或工业原料,从而增加农民的收入来源,提高农业的整体竞争力。同时,技术的推广还促进了农业与其他产业的融合发展。比如,农业与旅游业的结合,催生了乡村旅游、休闲农业等新兴业态,为农村经济的发展注入了新的活力。这种跨界的融合,不仅丰富了农业的功能和内涵,还拓展了农业的发展空间,为农业的转型升级提供了新的路径。

(二)农民增收与农村发展

1. 农民增收的新路径

种植业技术推广的带动作用,最直接地体现在促进农民增收上。新技术的推广应用,使得农民能够种植出更高产、更优质的农产品,从而获得更高的经济收益。例如,通过推广高产作物品种和科学的种植技术,农民可以实现农作物的增产增收;通过推广农产品保鲜和储存技术,农民可以减少农产品的损失和浪费,提高农产品的附加值。此外,技术的推广还为农民提供了更多的就业机会和增收渠道。随着农业产业链的延伸和农业新业态的涌现,农民不仅可以从事传统的种植业生产,还可以参与到农产品的加工、销售、旅游服务等多个环节中,从而获得更多的收入来源。

2. 农村发展的新动力

技术的普及和推广,推动了农村经济发展方式的转变,促进了农村第一、第二、第三产业的融合发展。这种融合发展的模式,不仅提高了农村经济的整体效益,还增强了农村经济的抗风险能力。同时,技术的推广还促进了农村基础设施的完善和农村公共服务水平的提升。例如,为了推广现代农业技术,相关部门需要加大对农村基础设施的投入,改善农村的生产生活条件;为了提高农民的技术水平,政府需要加强对农民的培训和教育,提升他们的科学素养和创新能力。这些措施的实施,不仅改善了农村的生活环境,还提高了农民的生活质量和幸福感。

第七章 农牧业合作社与家庭农场的发展

第一节 农牧业合作社的组织架构与管理模式

一、农牧业合作社的主要组织架构

在农牧业领域,合作社作为一种重要的组织形式,对于促进农业生产、提高农民收益、推动农村经济发展具有不可替代的作用。合作社的成功运作,离不开其科学合理的组织架构。以下将详细阐述农牧业合作社的主要组织架构,包括成员大会(或成员代表大会)、理事会以及监事会,并在每个部分下进一步细分其职责与运作方式,如图 7-1 所示。

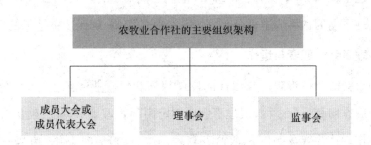

图 7-1　农牧业合作社的主要组织架构

(一)成员大会(或成员代表大会)

1. 成员大会的组成与职权

成员大会是合作社的最高权力机构,由合作社的全体成员组成。这一机构的存在,确保了合作社的民主管理和成员权益的充分保障。成员大会的主要职权包括:选举和罢免理事、监事,这是合作社领导层更新的重要途径;修改合作社章程,以适应合作社发展的需要;决定合作社的重大经营方针,如发展方向、投资计划等;以及审议和批准合作社的年度财务报告和利润分配方案。

2. 成员代表大会的设立与运作

当合作社成员数量较多,直接召开成员大会存在困难时,可以设立成员代表大会。成员代表大会由成员大会选举产生的代表组成,代表成员行使权力。成员代表大会的职权与成员大会相同,但其决策需经过代表的充分讨论和表决,确保决策的科学性和民主性。成员代表大会的设立,既保证了合作社的高效运作,又维护了成员的民主权利。

(二)理事会

1. 理事会的组成与选举

理事会由成员大会选举产生,是合作社的常设执行机构。理事会成员通常包括理事长、副理事长和若干理事,他们共同负责合作社的日常管理和决策执行。理事会的选举应遵循公平、公正、公开的原则,确保选举结果的合理性。

2. 理事会的职责与运作

理事会需要负责制定合作社的发展规划和年度业务经营计划,明确合作社的发展方向和目标。而且,理事会要制定内部管理规章制度,确保合作社的规范运作。这些规章制度包括财务管理制度、生产管理制度、市场营销制度等,是合作社管理的基础。同时,理事会还负责执行成员大会的决议,管理合作社的资产和财务,确保合作社的资金安全和有效利用。在运作上,理事会应定期召开会议,讨论和决定合作社的重大事项。会议应有明确的议程和记录,确保决策过程的透明和可追溯。理事会成员应积极参与合作社的日常管理,了解合作社的运营状况,为合作社的发展出谋划策。

（三）监事会

1. 监事会的组成与选举

监事会同样由成员大会选举产生,是合作社的监督机构。监事会成员应具备一定的财务知识和管理经验,能够胜任对合作社财务状况和运营情况的监督工作。监事会的选举同样应遵循公平、公正、公开的原则,确保选举的有效性。

2. 监事会的职责与运作

监事会的主要职责是监督合作社的财务状况和运营情况,确保合作社的合规运作。具体来说,监事会应定期对合作社的财务进行审计和检查,确保财务数据的真实性和准确性。同时,监事会还要对理事会的决策和合作社的日常运营进行监督,防止理事会滥用权力或损害合作社利益。在监督过程中,监事会发现合作社存在违规行为或管理漏洞时,应及时提出改进意见和建议,督促理事会进行整改。在运作上,监事会应定期召开会议,讨论和审议合作社的财务报告和运营情况。会议应有详细的记录和决议,确保监督工作的有效性和可追溯性。监事会成员应积极参与合作社的监督工作,了解合作社的运营状况,为合作社的健康发展贡献力量。

二、农牧业合作社的管理模式

（一）民主管理

农牧业合作社的民主管理原则,是其组织架构与管理模式的基石。这一原则确保了每个成员都能参与到合作社的决策过程中,使得合作社的运营更加透明、公正。成员大会或社员代表大会,作为合作社的最高权力机构,承载着全体成员的期望与信任。在这里,每一个成员的声音都被尊重,无论大小股东,都有权通过投票等方式表达自己的意见和诉求。这种广泛的参与性,不仅增强了成员的归属感,也促进了合作社内部的和谐与稳定。民主管理还体现在合作社的日常运营中,如定期召开会议、公开财务信息、接受成员监督等,这些都确保了合作社的决策能够真正反映成员的利益和意愿。

(二)共同决策

合作社的重大决策,如发展方向、经营策略、投资计划等,通常由成员大会或成员代表大会共同决定。这一决策机制,确保了合作社的发展能够符合大多数成员的利益,避免了因个别决策者的主观判断而导致的偏差。共同决策的过程中,成员们充分讨论、各抒己见,将个人的智慧和经验汇聚成集体的力量。这种集体决策的方式,不仅提高了决策的科学性和合理性,也增强了成员对决策结果的认同感和执行力。同时,共同决策还促进了成员之间的沟通与协作,增强了合作社的凝聚力和向心力,为合作社的长远发展奠定了坚实的基础。

(三)风险共担

在农牧业合作社中,成员共同承担生产经营风险,这是合作社管理模式的一大特色。通过合作社的组织形式,成员可以将风险进行分散,降低了个人承担的风险压力。合作社作为一个整体,具有更强的抗风险能力,能够在市场波动、自然灾害等不利情况下,为成员提供必要的支持和帮助。这种风险共担的机制,不仅增强了成员的信心,也促进了合作社的稳定发展。同时,合作社还会通过建立风险基金、购买保险等方式,进一步降低成员的风险损失,确保合作社的稳健运营。

(四)利益共享

合作社通过统一销售、统一采购等方式,实现价格优势,降低生产成本,提高产品的市场竞争力,从而提升成员的收益水平。在利益分配上,合作社遵循公平、公正的原则,根据成员的投入和贡献进行分配。这种利益共享的机制,不仅激发了成员的积极性和创造性,也促进了合作社内部的良性竞争和合作。

同时,合作社还会通过提供技术培训、信息服务等方式,帮助成员提升生产技能和经营管理能力,进一步提高成员的收益水平和合作社的整体竞争力。在利益共享的推动下,合作社与成员之间形成了紧密的利益共同体,共同创造着更加繁荣的未来。

第二节　家庭农场的发展现状、优势与挑战

一、家庭农场的发展现状

(一)发展速度较快

1.消费者需求驱动

随着消费者对绿色、健康、高品质农产品的需求日益增长,家庭农场以其生产过程的透明性、产品的可追溯性以及对生态环境的友好性,赢得了市场的广泛认可。这种市场需求的变化,为家庭农场提供了广阔的发展空间,促使其不断壮大。

2.农业技术引领

家庭农场更容易接受和应用现代农业技术,如智能化灌溉、精准施肥、无人机植保等,这些技术的应用提高了生产效率,降低了生产成本,也提升了农产品的品质和附加值。技术创新成为家庭农场快速发展的强大动力。

(二) 经营内容以种养业为主

1.种植业为主,兼顾养殖业

多数家庭农场以种植业为主,种植作物包括粮食、蔬菜、水果等。同时,为了充分利用资源,提高经济效益,许多家庭农场还兼营养殖业,如养猪、养牛、养鸡等。这种种养结合的模式,既实现了资源的循环利用,也降低了生产

成本。

2. 注重特色种植

随着市场竞争的加剧,家庭农场开始注重特色种植,通过引进新品种、采用新技术,培育出具有地方特色的农产品。同时,加强品牌建设,提高产品的知名度和美誉度,成为家庭农场提升市场竞争力的重要手段。

3. 休闲观光,拓展功能

一些家庭农场还结合当地自然资源和人文景观,开展休闲观光农业,为游客提供采摘、餐饮、住宿等服务。这种经营模式的创新,不仅增加了家庭农场的收入来源,也促进了农业与旅游业的融合发展。

(三) 经营规模较大

1. 土地资源集中

家庭农场相较于传统农户经营,其经营规模普遍较大。这种适度规模的经营方式,有助于实现规模经济效应,降低单位生产成本,提高经济效益。而且,家庭农场通过土地流转、租赁等方式,集中了一定规模的土地资源进行经营。土地资源的集中,使得家庭农场能够采用机械化、智能化的生产方式,提高生产效率。

2. 资金投入充足

家庭农场的发展需要一定的资金投入,用于购买生产资料、引进新技术、改善基础设施等。较大的经营规模,使得家庭农场更容易获得金融机构的贷款支持,也更容易吸引社会资本的投资。

3. 管理效率提升

适度规模的经营,使得家庭农场在管理上更加高效。家庭成员作为主要劳动力,管理层次少,决策迅速,能够灵活应对市场变化。同时,家庭农场也更容易引入现代化的管理理念和方法,提高管理效率。

（四）经营收入水平较高

1. 成本降低

家庭农场通过适度规模经营和机械化、智能化的生产方式,降低了单位生产成本。同时,家庭农场还注重资源的循环利用和废弃物的处理,提高了资源的利用效率,进一步降低了成本。

2. 品质较高

家庭农场注重农产品的品质和安全性,通过引进新品种、采用新技术、加强品牌建设等方式,提高了农产品的附加值和市场竞争力。高品质的农产品往往能够获得更高的市场价格,从而增加家庭农场的收入。

3. 销售渠道拓宽

家庭农场积极探索多元化的销售渠道,如直销、电商、合作社等。这些渠道不仅降低了销售成本,也提高了农产品的销售效率和覆盖面。特别是电商平台的快速发展,为家庭农场提供了更广阔的市场空间。

二、家庭农场的优势

（一）劳动监督成本较低

1. 家庭经营激发积极性

家庭农场以家庭为单位,家庭整体利益成为驱动家庭成员积极劳动的经济杠杆。这种利益共享机制使得家庭成员在农业生产中能够充分发挥主观能动性,根据农业生产的实际需求和自身情况灵活决策,从而有效降低了劳动监督成本。与集体农场相比,家庭农场避免了因管理层次多、决策效率低下而导致的劳动积极性受挫问题。

2. 平稳过渡与低组织成本

家庭农场从家庭承包经营平稳过渡而来,其核心在于通过经济补偿原则,将部分土地向种田能手集中,组建家庭农场。这一过程不需要像组建集体农场或股份制农场那样承担高昂的组织成本和创新费用。因此,家庭农场成为完善家庭承包经营的有效途径,既保持了家庭经营的稳定性,又实现了土地资源的优化配置。

3. 家庭决策灵活高效

家庭农场在决策上具有高度的灵活性和自主性。家庭成员作为农业生产的直接参与者,对农业生产有着深刻的理解和把握。他们能够根据市场变化、气候条件等因素及时调整生产计划,确保农业生产的顺利进行。这种灵活高效的决策机制是家庭农场在市场竞争中保持优势的关键。

(二)家庭农场是一种适度规模经营模式,有利于推动农业现代化发展

1. 集约经营提高效益

家庭农场作为一种适度规模的经营形式,对于推动农业现代化发展具有重要意义。土地资源的相对集中使得家庭农场主有更强的动力去增加投入、实行集约经营,并优化组合各种先进生产要素。而为了追求更大的经济利益,家庭农场主会倾向于增加对土地的投入,如引进良种、使用化肥和农药等,以提高土地的利用率和投入产出率。这种集约经营方式从根本上改变了普通农户小块土地分散经营的状况,提高了农业的专业化和社会化程度。

2. 机械化与高效生产

家庭农场有利于实现农业机械化,大幅度提高劳动生产率、土地利用率和农产品商品率。通过引进现代化生产设备和采用先进农业技术,家庭农场能够显著提高农业生产的科技含量和市场竞争力,促进农业向高产、优质、高效的方向发展。

3. 持久性与稳定性

由于家庭农场与农民家庭生计密切相关,农民对土地和农业生产的投入

具有持久性和稳定性。这种坚韧性和持久性为农业生产的连续性和稳定性提供了有力保障,也为农业现代化的持续推进奠定了坚实基础。

(三)家庭农场有利于实现农业企业化

1. 市场化运营与科技创新

家庭农场不仅具有劳动监督成本低和适度规模经营的优势,还是实现农业企业化的重要桥梁。作为营利性企业,家庭农场在市场竞争中必须不断追求创新和发展。而为了生存和发展,家庭农场主必须不断引进先进生产资料、采用现代化生产手段,并努力改进经营管理。同时,他们还会积极采用先进农业科技成果,增加农产品的科技含量和附加值,提高农产品商品率。这种市场化运营和科技创新的驱动机制使得家庭农场在农业领域中保持领先地位。

2. 促进工业发展与农村购买力提升

家庭农场对机械的需求增加了农村购买力,进而促进了工业部门生产物美价廉的配套系列农机具。这种良性循环不仅推动了工业发展,还提高了农业生产的机械化水平。

3. 企业化转型与现代制度建设

随着家庭农场的发展壮大,它们将逐渐向专业化、适度规模和农工商综合经营方向转变。在这一过程中,家庭农场将形成企业法人地位,改变传统的家长式管理,建立现代企业制度。这将有助于家庭农场更好地适应市场经济环境,提高管理水平和运营效率,为农业现代化的深入推进提供有力支撑。

(四)提高农业生产的市场化程度,有利于农民走向市场

1. 灵活应对市场变化

家庭农场作为独立的经营主体,拥有完全的生产经营自主决策权。这一特点使得家庭农场能够迅速响应市场信号,根据市场需求调整种植结构、养殖品种或农产品加工方式。例如,当市场上某种农产品价格上涨时,家庭农场可

以迅速增加该产品的生产量,以满足市场需求并获取更高的经济收益。这种灵活性不仅提高了家庭农场的市场竞争力,也促进了农业生产与市场需求的紧密对接。

2. 提升农产品质量与商品率

家庭农场以农产品商品生产为目的,注重提高农产品的产量和质量。通过采用先进的农业技术和管理方法,家庭农场能够生产出高品质、符合市场需求的农产品。同时,家庭农场还注重农产品的包装、储藏和运输等环节,以确保农产品在流通过程中保持最佳品质。这些努力不仅提高了农产品的商品率,也增强了家庭农场在市场上的信誉和竞争力。

3. 增强农民市场竞争意识

家庭农场作为市场经济的参与者,必须积极参与市场竞争才能生存和发展。这种竞争环境促使家庭农场经营者不断增强市场竞争意识,学习市场营销知识,提高农产品营销能力。通过参加农产品展销会、建立农产品电商平台等方式,家庭农场能够拓宽销售渠道,提高农产品知名度,从而获取更多的市场份额和经济效益。

(五) 有利于实现农业生产现代化的管理

1. 追求利润最大化,推动现代化管理

家庭农场以盈利为目的,追求利润最大化是其核心目标。为了实现这一目标,家庭农场必须抛弃传统农户家庭经营的粗放经营管理方式,采用现代化的管理方法和技术手段。例如,家庭农场可以引入财务管理软件、农业物联网技术等,实现生产过程的精准管理和成本控制。这种现代化管理方式不仅提高了家庭农场的经营效率,也降低了生产成本,提高了农产品的盈利能力。

2. 经济能人管理,提升经营水平

家庭农场通常由经济能人进行管理,他们具有丰富的市场经验和农业知识,能够准确把握市场动态和农业生产规律。这些经济能人通过自主经营、自我积累、自我发展、自负盈亏的方式,不断推动家庭农场的壮大和发展。他们的管理才能和经营理念对家庭农场的发展起到了至关重要的作用,也提升了整个农业行业的经营水平。

3. 促进专业化经营,提高生产效率

从从业人员的专业化角度来看,现代农业对生产经营者的素质要求很高,需要掌握多学科的知识和技能。家庭农场经营者为了自身利益,会主动学习专业知识,提高自身素质,以适应现代农业发展的需要。这种专业化经营不仅提高了家庭农场的生产效率,也促进了农业技术的传播和应用。从区域经济的专业化来看,家庭农场经营者会根据地域特点和市场需求,专门生产适宜本地区或本农场经营的产品。这种区域化、专业化的分工方式打破了传统农业"大而全、小而全"的生产格局,有利于形成具有地方特色的农业产业带和产业集群。这种产业集聚效应不仅提高了农业生产的整体效率,也促进了农业产业链的延伸和升级。

4. 推动农业现代化进程

家庭农场作为农业现代化的重要载体,通过实现现代化管理、专业化经营和市场化运作,推动了整个农业行业的现代化进程。家庭农场的发展促进了农业技术的创新和推广,提高了农业生产的科技含量和附加值。同时,家庭农场还带动了农业产业链上下游相关产业的发展,如农产品加工、物流、销售等,形成了完整的农业产业体系。这种产业体系的完善不仅提高了农业的整体竞争力,也为农民提供了更多的就业机会和增收渠道。

三、家庭农场面临的挑战

(一)土地流转难题

家庭农场作为现代农业发展的新型主体,其根基在于土地。而土地流转过程中的一系列问题却成为了家庭农场规模化经营的绊脚石。土地流转成本居高不下,尤其是在一些土地资源稀缺或经济发达的地区,高昂的流转费用让

许多有意扩大规模的家庭农场主望而却步。同时,土地流转过程中的法律风险也不容忽视,合同不规范、权属不清晰等问题时常引发纠纷,增加了经营的不确定性。此外,土地流转效率低下也是一大难题,烦琐的审批流程和复杂的利益关系协调往往导致流转周期拉长,错过了最佳的发展时机。因此,如何降低土地流转成本、规避法律风险、提高流转效率,成为了家庭农场在土地问题上亟待解决的关键挑战。

(二)融资难题

家庭农场在追求规模化、现代化发展的过程中,对资金的需求日益迫切。无论是扩大种植面积、引进新品种新技术,还是提升基础设施、改善生产条件,都需要大量的资金投入。而融资难、融资贵的问题却长期困扰着家庭农场主。一方面,由于家庭农场大多位于农村,金融资源相对匮乏,传统的金融机构对其授信额度有限,且贷款门槛较高;另一方面,即便能够获得贷款,高昂的利息也往往让家庭农场主不堪重负。这种资金瓶颈不仅限制了家庭农场的发展速度,更影响了家庭农场的市场竞争力。因此,拓宽融资渠道、降低融资成本、优化金融服务,成为推动家庭农场持续健康发展的关键所在。

(三)行业竞争

随着国家对家庭农场等新型农业经营主体的扶持力度不断加大,家庭农场数量迅速增长,行业竞争也日趋激烈。在这种背景下,家庭农场如何才能在众多竞争者中脱颖而出,成为了一个不得不面对的问题。一方面,家庭农场需要不断提升自身的生产能力和管理水平,通过科学种植、精细管理来提高农产品的产量和品质;另一方面,还需要加强品牌建设,提升农产品的附加值和市场认可度。同时,面对市场的快速变化和消费者需求的多样化,家庭农场还需要具备敏锐的市场洞察力和灵活的应变能力,不断调整产品结构,满足市场需求。因此,增强市场竞争力、打造特色品牌、提高市场响应速度,是家庭农场在激烈的市场竞争中立于不败之地的关键。

ﾂﾂ

第三节　合作社与家庭农场在农牧业推广中的角色定位

一、家庭农场在农牧业推广中的角色定位

(一)现代农业的引领者

1. 科技应用的先锋

家庭农场作为现代农业的引领者,首先体现在其对先进科技成果的积极应用上。家庭农场主通常具有较高的文化素质和敏锐的市场洞察力,他们深知科技对于提升农牧业生产效率的重要性。因此,家庭农场往往成为新品种、新技术和新设备的试验田和推广站。通过引进高产优质的农作物品种、智能化的农业机械装备以及高效的农牧业管理技术,家庭农场不仅提高了自身的生产效率和产品质量,还为周边农户提供了直观的科技示范,激发了整个农牧业对科技创新的热情和动力。

2. 投入产出效率的典范

家庭农场在经营过程中,更加注重投入产出效率,追求经济效益的最大化。这种经营理念促使家庭农场主在资源配置、生产管理、成本控制等方面进行深入研究和优化。他们通过科学规划种植结构、合理安排劳动力、精准施肥灌溉等措施,实现了资源的高效利用和成本的严格控制。这种高效的经营模式不仅为家庭农场带来了可观的经济效益,也为其他农户提供了可借鉴的经验和模式,推动了农牧业整体向更加高效、可持续的方向发展。

(二)规模经营的示范者

1. 土地流转的推动者

家庭农场通过土地流转等方式实现适度规模经营,是农牧业规模化发展

的重要推动力量。家庭农场主通过租赁、承包、入股等多种形式,将分散在农户手中的土地集中起来,形成连片种植或规模化养殖的格局。这种规模化的经营模式不仅提高了土地的利用率和劳动生产率,还便于机械化作业和科学管理,降低了生产成本,提高了农牧产品的市场竞争力。家庭农场的成功实践,为其他农户提供了规模经营的示范和借鉴,促进了农牧业土地资源的优化配置和高效利用。

2. 产业融合的示范者

家庭农场在规模经营的过程中,还注重产业的融合与发展。他们通过延长产业链、拓展价值链,将农牧业生产、加工、销售等环节紧密连接起来,形成了产供销一体化的经营模式。这种产业融合不仅提高了农牧产品的附加值,还增强了家庭农场的抗风险能力和市场竞争力。家庭农场的产业融合实践,为农牧业向现代化、产业化方向发展提供了有益的探索和示范。

(三)农产品商品化的推动者

1. 销售渠道的拓展者

家庭农场注重农产品的商品化生产经营,通过拓宽销售渠道,提高农产品的市场占有率和竞争力。家庭农场主不仅利用传统的农贸市场、批发市场等销售渠道,还积极开拓电商平台、直播带货等新兴销售渠道,实现了农产品的线上线下融合销售。这种多元化的销售渠道不仅扩大了农产品的销售范围,还提高了农产品的知名度和品牌影响力,为农产品商品化提供了有力的支撑。

2. 品质提升的践行者

家庭农场在农产品商品化过程中,还非常注重产品质量的提升和附加值的增加。他们通过采用标准化的生产流程、严格的质量控制措施以及品牌化的营销策略,提高了农产品的品质和安全性,满足了消费者对高品质农产品的需求。同时,家庭农场还注重农产品的深加工和品牌建设,通过开发特色农产品、打造知名品牌等方式,提高了农产品的附加值和市场竞争力。这种品质提升和附加值增加的实践,为农牧业向市场化、品牌化方向发展树立了典范。

(四)农业新技术的实践者

1. 新技术的试验田

家庭农场在农牧业新技术推广中发挥着重要作用,是新技术的试验田和验证地。家庭农场主通常对新技术保持高度的关注和热情,他们愿意尝试新技术、新方法,并通过实践来验证其可行性和效果。这种实践不仅为家庭农场自身带来了生产效率的提升和经济效益的增加,还为其他农户提供了宝贵的经验和借鉴。家庭农场的成功实践,为新技术的推广和应用奠定了坚实的基础。

2. 技术传播的桥梁

家庭农场不仅是新技术的实践者,还是技术传播的桥梁和纽带,家庭农场主在掌握新技术后,通常会通过示范带动、技术培训、经验交流等方式,将新技术传授给周边农户。他们利用自身的经验和优势,帮助其他农户解决技术难题,提高生产技能,共同推动农牧业的技术进步和产业升级。家庭农场的这种技术传播作用,促进了农牧业技术的普及和应用,提高了整个行业的科技水平和生产效率。

二、合作社在农牧业推广中的角色定位

(一)联结小农户与大市场的纽带

1. 组织农户,增强市场议价能力

合作社通过吸纳小农户为成员,将原本分散、弱小的个体农户组织起来,形成一个具有较大规模和较强议价能力的集体。在面对市场时,合作社能够代表农户与采购商、销售商进行谈判,争取更有利的价格条件和交易条款,从而保护农户利益,提高农产品销售收益。

2. 对接市场,实现规模化销售

合作社作为农户与市场之间的中介,能够更有效地对接市场需求,帮助农户调整生产结构,优化农产品品种和品质。通过合作社的统一组织和规划,小农户的农产品得以集中起来,形成规模化销售,这不仅降低了销售成本,还提高了农产品的市场竞争力。同时,合作社还能利用自身资源和渠道优势,为农户开拓新的市场领域,拓宽销售渠道。

3. 降低风险,提升农户抗风险能力

农牧业生产面临诸多风险,包括自然风险、市场风险、技术风险等。合作社通过为农户提供信息服务、技术培训、风险防范等支持,帮助农户提高抵御风险的能力。例如,合作社可以及时发布市场预警信息,帮助农户规避市场风险;提供农业保险服务,减轻自然灾害对农户的影响;推广先进农业技术,提高农业生产效率和产品质量。

4. 促进技术普及与革新

合作社作为农业技术推广的重要载体,能够有效地将先进的农业技术、管理理念等传递给小农户。通过组织培训、示范推广等方式,合作社帮助农户掌握新技术、新方法,提高农业生产效率和效益。同时,合作社还能鼓励农户进行技术创新和尝试,推动农业科技的进步和应用。

(二)推动农业产业化的重要力量

1. 整合产业链资源,实现一体化经营

合作社通过整合农业生产、加工、销售等环节的资源,实现了一体化经营。在农资购买方面,合作社可以统一采购,降低采购成本;在农产品销售方面,合作社可以建立自己的销售网络,减少中间环节,提高销售效率;在农机作业、农业植保等方面,合作社可以提供专业服务,降低农户的生产成本。这种一体化经营模式不仅提高了农业生产的整体效益,还增强了合作社的市场竞争力。

2. 注重品牌建设,提升产品附加值

合作社在推动农业产业化的过程中,非常注重品牌建设和市场营销。通过打造具有地域特色、品质优良的农产品品牌,合作社能够提升农产品的知名度和美誉度,从而增加产品的附加值。同时,合作社还能利用品牌效应,拓展市场份额,提高农产品的销售价格。为了维护品牌形象和品质,合作社还会加强对农产品的质量监管和追溯体系建设,确保农产品的安全和品质。

3. 推动农业生产效率和效益提升

合作社作为农业产业化的推动者,还能够促进农业的产业升级与转型。通过引进新品种、新技术、新设备等方式,合作社能够推动农业向现代化、智能化、绿色化方向发展。同时,合作社还能鼓励农户发展特色农业、休闲农业、生态农业等新型农业业态,拓宽农业的功能和内涵。这些举措不仅提高了农业的生产效率和效益,还促进了农业的可持续发展和乡村振兴。

4. 加强合作与交流,拓展发展空间

合作社在推动农业产业化的过程中,还注重加强与其他合作社、企业、科研机构等主体的合作与交流。通过合作,合作社能够共享资源、互通有无、优势互补,共同推动农业产业的发展。同时,合作社还能借鉴其他地区的成功经验和发展模式,结合自身实际情况进行创新和探索,为农业产业的发展注入新的活力和动力。

第四节　合作社与家庭农场的发展前景与战略规划

一、合作社与家庭农场的发展前景

(一)合作社广阔的发展前景

1. 数量与规模不断扩大

随着农业现代化的深入发展和农民对合作化经营模式的日益认可,合作社作为一种高效的农业组织形式,其数量和规模正呈现出不断扩大的趋势。这一趋势背后,是农民对于提高农业生产效率、降低市场风险、增加经济收益的迫切需求。合作社通过集结分散的农户,形成规模效应,不仅能够更好地对接市场,还能有效降低生产成本,提高农产品的市场竞争力。随着政策的持续扶持和农民合作意识的增强,预计未来合作社将覆盖更广泛的农户群体,涉及更多元化的农牧业产业领域,如种养殖业生产、农牧业产品加工等,形成更加完善、多元的农业合作体系。

2. 功能与服务日益完善

合作社在不断发展壮大的过程中,其功能和服务也在逐步完善,从最初的农业生产合作,扩展到农资供应、农产品加工、销售、品牌建设等全产业链服务。这种服务模式的转变,不仅提升了合作社的综合服务能力,也极大地提高了农业附加值和农民收益。合作社通过统一采购农资,降低了生产成本;通过农产品加工,提升了产品附加值;通过品牌建设,增强了市场竞争力;通过销售渠道的拓展,拓宽了农民的收入来源。此外,合作社还提供技术培训、信息咨询等增值服务,帮助农民提升生产技能,适应市场需求,从而实现农牧业的可持续发展。

(二) 家庭农场广阔的发展前景

1. 成为农牧业生产主力军

家庭农场作为一种新型的农业经营主体,正逐渐成为我国农牧业生产的主力军。而且家庭农场通过整合土地资源,实现规模化、集约化生产,提高了农业生产效率;同时,家庭农场主通常具备较高的农业生产技能和管理水平,能够更加有效地采用新技术、新品种,提高农产品的产量和品质。随着家庭农场数量的增加和规模的扩大,其在农业生产中的地位将更加凸显,成为推动农业现代化和乡村振兴的重要力量。

2. 推动农牧业现代化

家庭农场通过整合土地资源,实现土地的集中连片经营,为农牧业机械化和智能化提供了有利条件。而且,家庭农场主通常具有较强的创新意识和学习能力,能够积极引进和推广先进的农牧业技术和管理模式,提高农牧业生产的科技含量和效率。此外,家庭农场还注重农产品的质量安全和品牌建设,通过标准化生产、质量追溯等措施,保障了农牧业产品的品质和信誉。这些举措不仅提升了农牧业生产的整体水平,也推动了农牧业现代化的进程。

3. 实现可持续发展

家庭农场在追求经济效益的同时,也注重生态环境保护和可持续发展。通过采用先进的农牧业技术和管理模式,家庭农场能够实现农牧业生产的绿色、低碳、循环发展。同时,家庭农场还可以利用农业废弃物进行资源化利用,如秸秆还田、畜禽粪便发酵等,实现资源的循环利用。这些措施不仅有助于保护生态环境,还能提高农业生产的可持续性,为农业的长期发展奠定坚实基础。

二、合作社与家庭农场的战略规划

(一)合作社的战略规划

1. 加强内部管理和组织化程度

合作社作为农民自愿联合、民主管理的经济组织,其内部管理和组织化程度直接关系着合作社的稳定运行和持续发展。为了提升合作社的整体效能,必须加强内部管理,完善组织结构和运行机制。合作社应建立健全会员制度,明确会员的权利和义务,确保会员的参与权和决策权得到充分保障。同时,合作社应设立科学的管理机构,如理事会、监事会等,形成相互制约、相互监督的管理体系。此外,合作社还应加强财务管理,确保资金的合理使用和透明公开,增强会员对合作社的信任和支持。通过加强内部培训,提升合作社成员的专业素质和管理能力,使合作社能够更加高效地运作。组织化程度的提升,不仅能够增强合作社的凝聚力和向心力,还能够为合作社的长期发展奠定坚实基础。

2. 拓宽服务领域和功能

合作社作为连接农民与市场的桥梁,其服务领域和功能的拓宽对于提高农业附加值和农民收益具有重要意义。合作社不应该仅仅局限于农牧业生产合作,而应积极拓展服务领域,向农资供应、农牧业产品加工、销售等全产业链服务延伸。在农资供应方面,合作社可以统一采购优质农资,降低农民的生产成本;在农牧业产品加工方面,合作社可以引进先进的加工设备和技术,提高农牧业产品的附加值;在销售方面,合作社可以建立稳定的销售渠道,减少中间环节,提高农民的收益。通过拓宽服务领域和功能,合作社能够为农民提供更加全面、优质的服务,促进农牧业产业的升级和发展。

3. 注重市场营销

在市场竞争日益激烈的背景下,合作社必须注重市场营销,以提升农产品的市场竞争力和知名度。合作社应深入研究市场趋势,了解消费者的偏好和需求,根据市场趋势调整农产品的生产结构和品种选择。同时,合作社应积极参加各类农牧业产品展销会、交易会等活动,展示合作社的农牧业产品和品牌形象,扩大市场影响力。在品牌建设方面,合作社应注重产品质量和包装设计,打造具有地域特色、品质优良的农牧业品牌,提高产品的辨识度和美誉度。此外,合作社还可以利用互联网和电商平台,开展线上销售和品牌推广,拓宽销售渠道,提高产品的市场占有率。通过注重市场营销,合作社能够更好地满足市场需求,提升农牧业产品的附加值和农民收益,为合作社的持续发展注入新的动力。

(二) 家庭农场的战略规划

1. 逐步扩大规模,提高效益

家庭农场主需深入分析自身资源条件、技术优势及市场需求,科学合理地规划生产规模。这包括土地资源的有效整合,通过流转、租赁等方式适度扩大耕地面积,形成连片经营,便于机械化作业和高效管理。同时,应注重提升农牧业生产的专业化、集约化水平,通过优化种植结构、引进高产优质品种、提高复种指数等措施,增加单位面积的产出量。此外,家庭农场还应积极探索多元化经营,如发展休闲农业、乡村旅游等,以丰富产品线,拓宽收入来源,从而全面提升家庭农场的经济效益和农民收入水平。在实施规模扩张的过程中,家庭农场需保持谨慎态度,避免盲目跟风,确保规模与效益的同步增长。

2. 强化技术和管理创新

家庭农场应紧跟农业科技发展趋势,积极引进和应用先进的农牧业技术,以提高生产效率,降低生产成本,同时提升农产品的品质和安全性。在管理层面,家庭农场应建立科学的管理体系,包括财务规划、生产管理、质量控制、市场营销等各个环节,实现精细化管理。通过引入现代化管理工具,如物联网、大数据、云计算等,家庭农场可以更加精准地掌握市场动态,优化资源配置,提高决策效率。此外,家庭农场还应注重人才培养,提升家庭成员的农业技能和经营管理能力,或引进专业人才,为家庭农场的持续发展提供智力支持。通过技术与管理的双重创新,家庭农场将能够在激烈的市场竞争中脱颖而出,实现可持续发展。

3. 注重生态环境保护

在追求经济效益的同时,家庭农场必须高度重视生态环境保护,坚持绿色、低碳、循环的发展理念。这要求家庭农场在生产经营过程中,采取一系列环保措施。同时,家庭农场应积极探索农业废弃物的资源化利用途径,如秸秆还田、畜禽粪便发酵制肥等,形成"种养结合"循环农业模式。此外,家庭农场还应加强生态景观建设,如种植防护林、建设湿地保护区等,提升农场的生态功能,为农牧业生产创造更加有利的自然环境。通过这些措施的实施,家庭农场不仅能够减少环境污染,保护生态环境,还能提升农产品的生态价值,满足消费者对绿色、健康农产品的需求,实现经济效益与生态效益的双赢。

第八章　农牧业技术推广的本土化实践

第一节　农牧业技术推广的地域化适应性分析

一、西部地区

(一)西部地区农牧业发展的自然环境与资源优势

1. 自然环境优势

西部地区,以其广袤的地域和独特的自然环境,为农牧业的发展提供了得天独厚的条件。这里地广人稀,拥有大片的草原、戈壁等自然资源,这些地区不仅地势开阔,而且气候适宜,为畜牧业的繁荣奠定了坚实的基础。草原作为畜牧业的重要载体,其丰富的植被和肥沃的土壤为牲畜提供了充足的饲料来源,同时也为牧草种植技术的推广提供了广阔的空间。

2. 化肥草原资源的丰富性

西部地区不仅拥有广阔的草原,而且化肥草原资源也极为丰富。化肥草原是指那些通过人工施肥、改良等措施,提高草原生产力,进而满足畜牧业发展需求的草原。这些草原在土壤肥力、植被覆盖度以及草质等方面都表现出色,为畜牧业的高产高效提供了有力的支撑。化肥草原资源的丰富性,使得西部地区在发展畜牧业时能够更加注重生态与经济的协调发展,为生态养殖技术的推广提供了良好的土壤。

3. 畜牧业发展的基础优势

基于自然环境和资源优势,西部地区畜牧业的发展具有显著的基础优势。

一方面,广阔的草原和丰富的化肥草原资源为牲畜提供了充足的饲料来源,降低了养殖成本,提高了养殖效益;另一方面,这些自然资源的存在也为畜牧业提供了广阔的发展空间,使得西部地区在畜牧业发展上能够保持持续的增长势头。这种基础优势为农牧业技术推广的地域化适应性提供了有力的保障。

(二)西部地区农牧业技术推广的地域化方式

1. 牧草种植技术的推广

针对西部地区丰富的草原资源,推广牧草种植技术已成为提高畜牧业生产效率的重要途径。通过引进和培育高产优质的牧草品种,采用科学的种植技术和管理方法,可以有效提高草原的生产力,为畜牧业提供更多的优质饲料。同时,牧草种植技术的推广还有助于改善草原生态环境,实现畜牧业的可持续发展。在具体实践中,可以通过建立牧草种植示范基地、开展技术培训、提供技术咨询服务等方式,推动牧草种植技术在西部地区的广泛应用。

2. 生态养殖技术的推广

西部地区畜牧业的发展不仅要注重经济效益,更要关注生态效益。因此,推广生态养殖技术成为实现畜牧业可持续发展的关键。生态养殖技术强调在养殖过程中遵循生态规律,采用环保、节能、高效的养殖方式,减少养殖对环境的污染和破坏。在西部地区,可以结合当地自然环境特点,推广草原生态养殖、林下养殖等模式,实现畜牧业与生态环境的和谐发展。此外,还可以通过建立生态养殖示范区、推广生态养殖技术标准等方式,引导养殖户转变养殖观念,提高生态养殖技术的普及率。

3. 农牧业技术集成的推广

为了提高农牧业技术推广的地域化适应性,还需要注重农牧业技术的集成与推广。通过将牧草种植技术、生态养殖技术以及其他相关技术进行有机整合,形成一套完整的农牧业技术体系,可以更加有效地提高畜牧业的生产效率和生态效益。在具体实践中,可以通过建立农牧业技术集成示范区、开展技术集成示范项目等方式,推动农牧业技术集成的推广与应用。同时,还可以加强科研机构与养殖户之间的合作与交流,促进科研成果的转化与落地。

二、东部地区

(一)东部地区农牧业发展的经济背景与需求特点

1. 经济发达与工业基础雄厚

东部地区作为我国经济发展的龙头,其经济水平相对较高,工业基础雄厚。这一特点使得该地区不仅对农牧业产品的需求量大,而且质量要求也日益提高。特别是饲料工业,作为连接农业与畜牧业的桥梁,其需求量随着畜牧业的快速发展而不断攀升。东部地区的饲料工业不仅要求原料的稳定供应,更追求原料的高品质与高效利用,这为农牧业技术推广提供了广阔的市场空间。

2. 高效养殖标准的追求

随着人们生活水平的提高和消费观念的转变,东部地区对畜产品的需求逐渐向高品质、高附加值方向转变。因此,该地区对高效养殖标准的要求也日益提高。这不仅仅体现在养殖数量的增加上,更重要的是养殖效率的提升和养殖成本的降低。为了实现这一目标,东部地区更加注重养殖设施的现代化和规模化,通过引入先进的养殖技术和设备,提高养殖管理的精细化水平,从而满足市场对高品质畜产品的需求。

3. 技术创新的迫切需求

经济发展和高效养殖标准的追求,共同推动了东部地区对农牧业技术创新的迫切需求。传统的养殖方式和管理模式已经难以满足当前市场的需求,必须依靠科技创新来推动农牧业的转型升级。这包括养殖技术的革新、饲料的研发、疾病的防控等多个方面。通过技术创新,不仅可以提高养殖效率,降低养殖成本,还可以提升畜产品的品质和附加值,满足市场对高品质畜产品的需求。

（二）东部地区农牧业技术推广的地域化方法

1. 精准养殖技术的推广

针对东部地区对高效养殖标准的高要求，推广精准养殖技术成为提升养殖效率的关键。精准养殖技术通过运用现代信息技术和物联网技术，对养殖环境、饲料配方、疾病防控等进行精准管理，实现养殖过程的精细化和智能化。在东部地区，可以依托其雄厚的工业基础和科研实力，研发和推广适合当地养殖条件的精准养殖技术，如智能喂养系统、环境监控系统等，从而提高养殖效率，降低养殖风险。

2. 智能化管理技术的应用

智能化管理技术是东部地区农牧业技术推广的一个重要方向。通过引入智能化管理技术和设备，如智能养殖管理系统、远程监控平台等，可以实现对养殖过程的实时监控和数据分析，及时发现并解决问题。这不仅可以提高养殖管理的效率和精度，还可以为养殖决策提供科学依据。在东部地区，可以充分利用其信息化和智能化的优势，推动智能化管理技术在农牧业中的广泛应用，提升农牧业的现代化水平。

3. 农牧业技术集成的创新

为了满足东部地区农牧业发展的多元化需求，需要注重农牧业技术的集成与创新。在东部地区，可以依托其科研机构和高校等资源，加强农牧业技术的研发与创新，推动技术集成的创新与应用。同时，还可以通过建立农牧业技术集成示范区、开展技术集成示范项目等方式，引导养殖户和农业企业采用先进的技术和管理模式。

三、中部地区

（一）中部地区农牧业发展的地理与经营特点

1. 地理位置优越与交通便利

中部地区地处我国腹地，连接东西、贯通南北，具有得天独厚的地理位置优势。这一地区不仅地形平坦,而且交通网络发达,包括高速公路、铁路和水路等多种交通方式,形成了便捷高效的物流体系。地理位置的优越性和交通的便利性,使得中部地区在农牧产品运输、饲料原料供应以及技术交流等方面具有显著优势,降低了物流成本,提高了农牧业的市场竞争力。

2. 家庭农场为主的畜牧业经营模式

中部地区的畜牧业以家庭农场为主,这种经营模式注重兼业经营,通过种植与养殖的有机结合,实现资源的循环利用和风险的分散。家庭农场作为农牧业生产的基本单元,具有灵活性高、适应性强等特点,能够根据市场需求和自身条件灵活调整生产策略。同时,兼业经营的模式也有助于提高农民收入的稳定性和多样性,增强了农业经济的韧性。

3. 注重风险分散的经营模式

由于中部地区的畜牧业以家庭农场为主,因此农户更加注重风险分散的经营模式。他们通过多元化种植和养殖,以及与其他农户的合作与联合,来降低单一经营带来的风险。这种风险分散的策略,不仅提高了农业生产的稳定性,也为农牧业技术的推广提供了更加稳健的基础。

(二)中部地区农牧业技术推广的地域化手段

1. 推广适合小规模养殖的技术

针对中部地区以家庭农场为主的畜牧业经营模式,推广适合小规模养殖的技术成为提高农牧业生产效率的关键。这些技术应具有投资小、见效快、易操作等特点,以便家庭农场能够快速采纳并应用。例如,可以推广家庭农场的循环农业模式,通过种植与养殖的有机结合,实现资源的循环利用和废弃物的零排放。这种模式不仅可以提高资源的利用效率,还可以降低生产成本,提高家庭农场的经济效益。

2. 循环农业模式的实践与创新

循环农业模式作为适合中部地区小规模养殖的重要技术,其实践与创新对于推动农牧业可持续发展具有重要意义。循环农业模式强调资源的循环利用和废弃物的资源化利用,通过构建种植—养殖—加工—销售的产业链,实现农业生产的闭环管理。在中部地区,可以依托家庭农场的经营模式,推广"种植+养殖+沼气"等循环农业模式,将养殖产生的粪便等废弃物转化为有机肥料,用于种植业的施肥,同时利用沼气等可再生能源,降低生产成本,提高资源利用效率。

3. 注重技术传授与服务体系建设

为了确保农牧业技术推广的地域化适应性得到有效实施,中部地区还需要注重技术传授与服务体系建设。一方面,可以通过举办培训班、现场示范、技术咨询等方式,提高家庭农场主和农户的技术水平和应用能力;另一方面,可以建立农牧业技术推广服务体系,包括技术咨询服务站、专家团队等,为家庭农场和农户提供及时、有效的技术支持和服务。通过加强技术培训与服务体系建设,可以推动农牧业技术在中部地区的广泛应用,提高农牧业的生产效率和效益。

第二节 本土化农牧业技术推广的成功案例分享

一、云南省临沧市云县生猪产业高质量发展

(一)主要方式

云南省临沧市云县是国家生猪调出大县,生猪产业是云县确保重要农产品供给和促进农民持续增收的骨干产业。近年来,云县以"推技术、做示范、强服务"为重要手段,抓实抓好生猪产业,促进生猪规模化、标准化、专业化生产,加快生猪产业高质量发展。针对生猪养殖中普遍存在的成本高、效益低、规模小、专业化程度低等问题,云县畜牧技术推广部门和科技人员推介发布"规模化猪场生物安全管理技术"和"生猪批次化管理技术"两项生猪生产主推技术。

（二）实施效果

通过推广生猪批次化管理技术,实现母猪受精、分娩、防疫、出栏等批次化,降低防疫、药品、饲料、人工等养殖成本,提高猪场管理效率和母猪产能,平均一头母猪每年可多产仔1~2头,经济效益明显。而且,猪场生物安全技术通过采取有效措施防止外界病原传入,预防传染病发生并防止其传播,减少生猪1%~2%的死亡率,生猪养殖健康发展、提质增效。并且,2023年全县生猪养殖主推技术到位率达95%以上,生猪产业产值占畜牧业产值的58.9%,生猪出栏和外调均在全市排名第一,外调占全市外调总量一半以上,自2012年以来连续12年获国家生猪调出大县奖励。

二、青岛市创新兽医技术服务助力乡村振兴

（一）主要方式

青岛市在推动兽医技术服务助力乡村振兴的过程中,紧密围绕"不发生区域性重大动物疫情和非洲猪瘟疫情"的底线要求,形成了政府主导、社会组织协同推进的创新推广模式。这一模式不仅强调了政府部门在政策引导、资源整合方面的主导作用,还充分发挥了社会组织在技术推广、服务提供方面的灵活性优势。青岛市通过不断创新推广方式,如举办技术培训班、开展现场指导、建立技术示范点等,有效提升了兽医技术的普及率和应用水平。同时,注重强化兽医技术队伍素质,通过定期培训、技能竞赛等方式,激发兽医技术人员的学习热情和创新活力。在此基础上,青岛市共推广应用了健康养殖、疫病防控、消毒灭原等兽医新技术50余项,为畜牧业健康发展提供了坚实的技术支撑。

（二）实施效果

青岛市创新兽医技术服务的实施效果显著,直接受益的养殖场户达到6

万余户,创造的经济效益高达 1 亿元。这些技术的广泛应用,不仅提高了畜禽的养殖效率和产品质量,还显著降低了疫病发生的风险,为青岛市畜禽"无疫"品牌的建设奠定了坚实基础。此外,兽医技术服务的创新推广还有力推动了青岛市畜牧业的高质量发展,提升了畜牧业的整体竞争力和可持续发展能力,为乡村振兴战略的深入实施做出了重要贡献。

三、安徽农业大学教授在定远县推广农区草牧业标准化生产体系

(一)主要方式

安徽农业大学教授深入定远县,针对当地肉羊养殖面临的品种退化、设施落后、饲草利用率低及疫病风险高等问题,积极推广农区草牧业标准化生产体系。这一体系并非简单的技术堆砌,而是涵盖了品种选育的科学化、饲草种植的高效化、疫病防治的体系化以及环境监测的智能化等多个关键环节。它强调从源头抓起,通过优选良种、改良品种,提升肉羊的遗传品质;同时,推广先进的饲草种植技术,提高饲草的产量和质量,为肉羊提供充足的营养来源。此外,体系还注重疫病防治的综合性与预防性,通过建立健全的疫病监测与防控机制,有效降低疫病风险。更为重要的是,该体系倡导"种养加销结合"的现代农业模式,实现产业链上下游的紧密衔接,为肉羊产业的可持续发展奠定了坚实基础。

(二)实施效果

在安徽省皇竹牧业科技有限公司建立的示范点,安徽农业大学教授提供的技术路线得到了成功实践。通过流转土地、引进优质种羊,示范点迅速取得了显著效益。这一成功案例不仅证明了农区草牧业标准化生产体系的有效性和可行性,更激发了当地养殖企业和养羊大户的积极性。他们纷纷效仿示范点的做法,更换品种、搭建标准化羊舍,从而大幅提高了肉羊养殖的效益。这

一体系的推广,不仅为定远县的肉羊产业注入了新的活力,也为周边地区乃至更广泛的区域提供了可借鉴的经验和模式。

四、河南省宝丰县优然牧业智慧牧场

(一)主要方式

河南省宝丰县优然牧业以其国际化的视野和前瞻性的布局,率先引入了诸多先进的养殖技术和设备,构建起了一套全面而高效的智慧牧场体系。其中,全自动转盘挤奶设备以其精准高效的特点,极大地提升了挤奶过程的自动化水平;奶牛饲喂 TMR 配料系统则根据奶牛的营养需求,科学配比饲料,确保每头奶牛都能获得均衡的营养;多功能奶牛饲养设施为奶牛提供了舒适的生活环境,保障了其健康成长。此外,牧场还配备了完善的液肥沼气发酵处理环保系统,实现了废弃物的资源化利用。尤为值得一提的是,先进的"牛群管理系统"及电子识别系统,能够实时监测每头奶牛的产奶量和健康状况,并自动生成详细的分析报告和图表,为养殖管理提供了科学依据。

(二)实施效果

得益于这一系列先进技术和设备的引入与应用,河南省宝丰县优然牧业实现了乳业生产数据的全自动电子化管理,从挤奶、自动喂料到废物监测,每一个环节都实现了精准把控。这不仅极大地提升了牧场的精细化管理程度,还显著提高了养殖效益和动物生产性能。同时,疾病发生率的降低也进一步保障了产品质量和安全性。正是凭借这些突出的成果,《河南省宝丰县优然牧业智慧牧场解决方案》成功入选了农业农村部"2024 年智慧农业建设典型案例",成为行业内的标杆和典范。

五、西藏嘎布罗布牦牛乳业有限公司物联网植物工厂

(一)主要方式

西藏嘎布罗布牦牛乳业有限公司在昌都市八宿县白玛镇旺比村,创新性

地建设了物联网植物工厂,将现代科技与传统农牧业紧密结合。这一工厂充分利用物联网技术,实现了植物生长的智能化管理和精准控制。通过安装各类传感器和智能设备,实时监测植物的生长环境,包括温度、湿度、光照等关键参数,并根据数据反馈自动调节生长条件,确保植物获得最佳的生长环境。同时,物联网技术还应用于灌溉、施肥等生产环节,实现了水肥一体化的精准管理,大大提高了植物的生长效率和产量。这种智能化的生产方式,不仅减少了人力成本,还提升了植物的品质和市场竞争力,为当地农牧业的转型升级提供了有力支撑。

(二)实施效果

物联网植物工厂的建设,让曾经难以利用的盐碱地焕发出了新的生机。如今,在这片曾经让人头疼的土地上,已经结出了丰硕的果实,如圣女果等。这些果实的成功种植,不仅展示了科技赋能农牧业的巨大潜力,也为当地农牧民提供了新的增收渠道。同时,物联网植物工厂的成功实践,还推动了当地农牧业的现代化进程,引领了农牧业发展的新方向。这一创新举措,不仅提升了当地农牧业的科技水平,还为乡村振兴战略的深入实施注入了新的动力。

第三节　农牧业技术推广与当地文化的融合策略

一、挖掘和展示当地文化特色

(一)深入了解当地文化

1.文化传统探寻

每个地区都有其独特的历史积淀与文化传统,这些传统往往深植于农牧民的日常生活与生产方式之中。技术推广者需通过实地考察、访谈当地长者、查阅历史文献等方式,深入挖掘当地的文化传统,包括农耕习俗、畜牧方式、节庆仪式、民间信仰等。这些传统文化的了解,有助于技术推广者把握当地农牧民的思想观念与行为模式,为技术推广策略的制定提供文化依据。

2. 风俗习惯理解

风俗习惯是当地文化的重要组成部分,它反映了农牧民的生活习惯、价值观念与社会规范。技术推广者需细致观察当地农牧民的日常行为,了解他们在农牧业生产中的习惯做法,以及这些做法背后的文化逻辑。同时,还需关注当地的社会结构、家庭关系、邻里交往等,以便在技术推广中尊重并利用这些风俗习惯,提高推广的接受度与有效性。

3. 技术接受度分析

基于对传统文化与风俗习惯的了解,技术推广者需进一步分析哪些农牧业技术更容易被当地农牧民接受。这包括考虑技术的适用性、便捷性、经济性以及是否符合当地的文化观念与价值取向。通过对比分析,筛选出既先进又符合当地实际的技术,为技术推广奠定坚实的基础。

(二)将文化元素融入技术推广

1. 利用传统节庆活动

传统节庆活动是当地文化的重要载体,也是农牧民聚集交流的好时机。技术推广者可以充分利用这些活动,举办农牧业技术展览或演示会。例如,在当地的农耕节或畜牧节上,展示先进的农耕机械、畜牧设备或饲料配方等,同时邀请专家进行现场讲解与操作演示。这样,农牧民在欢庆节日的同时,也能直观感受到技术的魅力与实用性。

2. 融合民俗元素进行宣传

在技术推广的宣传材料中,可以巧妙融入当地的民俗元素,如使用当地特色的图案、色彩、语言风格等,使宣传材料更加贴近农牧民的生活与审美。此外,还可以创作以当地文化为背景的农牧业技术宣传短片、动画或漫画,通过生动有趣的形式展示技术的优势与应用效果。这种寓教于乐的方式,能够激发农牧民对技术的兴趣与好奇心。

3. 开展文化体验活动

为了让农牧民更深入地了解并接受新技术,技术推广者可以组织文化体验活动。例如,邀请农牧民参观现代化的农牧业生产基地,让他们亲身体验新技术带来的生产效率提升与生活质量改善。同时,还可以设置互动环节,如技术操作比赛、问答游戏等,让农牧民在参与中感受技术的乐趣与实用性。这些活动不仅能够增进农牧民对技术的了解与信任,还能促进他们之间的交流与合作。

4. 培养本土技术传播者

在技术推广过程中,培养本土的技术传播者至关重要。这些传播者可以是当地的农牧业能手、文化名人或意见领袖,他们不仅熟悉当地的文化与习俗,还具有一定的号召力与影响力。通过培训这些本土传播者,让他们成为技术推广的桥梁与纽带,能够更有效地将技术传递给广大农牧民。同时,这些传播者还能根据当地的文化特点与农牧民的需求,对技术进行本土化改造与创新,使技术更加符合当地的实际情况。

5. 构建文化与技术融合的推广体系

为了确保文化元素在技术推广中的持续融入与有效传播,需要构建一套完善的推广体系。这包括制定明确的文化融合策略、建立多渠道的技术传播网络、加强技术推广效果评估与反馈等。通过不断优化与推广体系的完善,实现文化与技术推广的深度融合与协同发展。

二、结合地方文化特色,打造文化型农牧业品牌

(一)深挖地方特色,奠定品牌基础

1. 地理环境与气候条件的独特优势

地理环境和气候条件是影响农牧业生产的重要因素,也是形成地方特色

的基础。例如,高原地区因其独特的日照时间长、昼夜温差大等气候条件,适合种植某些特定的作物或养殖特定的畜禽。这些独特的农牧产品,因其品质优良、口感独特,往往能成为地方特色产品,为打造文化型农牧业品牌提供有力支撑。

2. 历史文化与民俗传统的深厚底蕴

每个地方的历史文化和民俗传统都是其独特的文化符号,也是打造文化型农牧业品牌的重要元素。通过深入挖掘当地的历史故事、传说、节庆活动、传统手工艺等,可以将其融入农牧产品的生产、包装、营销等各个环节,提升产品的文化内涵和附加值。例如,将当地的传统手工艺用于产品的包装设计,或者将当地的节庆活动作为产品推广的契机,都能使农牧产品更具文化特色,吸引消费者的关注。

(二)创新品牌塑造,提升文化内涵

1. 基于当地文化特色的品牌建设与命名策略

品牌是农牧产品与市场对接的桥梁,也是消费者认知产品的重要途径。因此,在打造文化型农牧业品牌时,应注重品牌的建设和命名策略。品牌名称应简洁易记,能够体现产品的特色和地域文化。同时,品牌标识的设计也应与当地文化相结合,形成独特的视觉形象。例如,可以借鉴当地的传统图案、色彩等元素,设计具有地方特色的品牌标识,增强品牌的辨识度和记忆点。

2. 基于当地文化特色的产品设计与包装创新

产品设计和包装是农牧产品呈现给消费者的第一印象,也是体现产品文化内涵的重要环节。在打造文化型农牧业品牌时,应注重产品设计和包装的创新。产品设计应紧密结合当地的文化特色,如将传统手工艺、民俗文化等元素融入产品中,提升产品的文化附加值。同时,包装也应注重创新和美观,通过独特的包装设计,展现产品的地域特色和文化内涵。例如,可以采用当地的传统包装材料或工艺,如竹编、刺绣等,使包装既实用又具有艺术价值。

3.营销推广中的文化元素传播

营销推广是打造文化型农牧业品牌的重要手段,也是文化传播的重要途径。在营销推广过程中,应注重与当地文化的结合,通过举办文化活动、参与节庆展览等方式,提升品牌的文化影响力和知名度。同时,也可以利用新媒体平台,如社交媒体、短视频等,进行线上推广和传播,扩大品牌的影响力。此外,还可以与旅游产业相结合,将农牧业品牌融入旅游线路中,通过旅游带动产品的销售和文化传播。

三、加强农牧业技术培训,融入文化教育内容

(一)邀请文化专家授课

在农牧业技术培训中,可以邀请文化专家、学者为农户授课。这些专家具有深厚的文化底蕴和丰富的知识储备,能够深入浅出地讲解农牧业文化的相关知识。通过专家的讲解,农户可以更加系统地了解农牧业文化的起源、发展和传承,从而增强对文化的认同感和自豪感。

(二)组织文化实地考察

实地考察是融入文化教育内容的有效途径。可以组织农户参观文化遗址、博物馆等,让他们亲身体验和感受农牧业文化的独特魅力。通过实地考察,农户可以直观地了解农牧业文化的历史遗迹和实物资料,加深对文化的理解和感悟。同时,这种考察也有助于激发农户对文化的兴趣和热爱,促进他们对技术的积极学习和应用。

(三)结合技术案例讲解文化

在技术培训过程中,可以结合具体的技术案例来讲解农牧业文化。例如,在讲解某种养殖技术时,可以介绍这种技术背后的文化故事和传统习俗。通过技术案例与文化的结合,农户可以更加直观地理解技术与文化之间的内在

联系,从而更加深刻地掌握技术并自觉应用于生产实践中。

(四)创新文化教育方式

为了提升文化教育的效果,需要不断创新教育方式和方法。可以利用现代科技手段,如多媒体、网络等,为农户提供更加丰富多样的文化教育资源。同时,也可以结合农户的实际需求和文化背景,设计具有针对性和趣味性的文化教育活动。例如,可以举办文化讲座、文艺演出、手工艺制作等活动,让农户在参与中感受文化的魅力并自觉传承和创新。

(五)建立文化教育长效机制

融入文化教育内容不是一蹴而就的过程,需要建立长效机制来确保教育的持续性和有效性。可以制定详细的文化教育计划,明确教育目标、内容和方法,并定期进行评估和调整。同时,也可以建立文化教育档案,记录农户的学习情况和成果,为后续的教育和培训提供参考和依据

第四节　本土化推广对农牧业可持续发展的影响评估

一、提高技术适应性,促进农牧业生产效率提升

(一)本土化技术推广增强技术适应性

1. 技术与环境的高度契合

每个地区都有其独特的地理环境、气候条件和土壤特性,这些因素对农牧业生产有着至关重要的影响。本土化技术推广通过深入研究当地的自然环境,选择并推广那些能够适应这些环境条件的作物品种、养殖技术和农业机械。例如,在干旱少雨的地区,推广耐旱作物品种和节水灌溉技术,可以显著提高作物的存活率和产量,同时减少水资源的浪费。这种技术与环境的高度

契合,是提升农牧业生产效率的关键。

2. 技术与需求的精准对接

农牧民是农牧业生产的主体,他们的需求和期望直接决定了技术推广的成败。本土化技术推广注重与农牧民的沟通和交流,通过问卷调查、座谈会等方式,深入了解他们的实际需求和技术难题。在此基础上,推广人员能够精准地选择并推广那些能够满足农牧民需求的技术,从而提高技术的接受度和应用效果。例如,针对某些地区农牧民对高效养殖技术的需求,推广人员可以引进并推广那些能够提高牲畜生长速度和肉质的技术,帮助农牧民实现增收致富。

(二)技术适应性提升促进生产效率

1. 提高作物产量和品质

通过推广适应当地环境条件的作物品种和种植技术,可以显著提高作物的产量和品质。例如,在盐碱地地区推广耐盐碱作物品种和改良土壤技术,可以有效改善土壤环境,提高作物的生长速度和产量。同时,这些技术还能够优化作物的品质,使其更加符合市场的需求和消费者的口味。这种产量和品质的双重提升,是农牧业生产效率提高的重要体现。

2. 优化养殖结构和效益

本土化技术推广在养殖业方面同样发挥着重要作用。通过推广科学的养殖技术和管理模式,可以优化养殖结构,提高养殖效益。例如,在畜牧业中推广良种繁育技术、疾病防控技术和饲料配方技术,可以提高牲畜的繁殖率、成活率和生长速度,同时降低疾病发生率和饲料成本。这些技术的推广和应用,不仅提高了养殖业的整体效益,还促进了农牧业的协调发展。

3. 推动农牧业机械化进程

机械化是提升农牧业生产效率的重要手段之一。本土化技术推广通过引进和推广适应当地条件的农业机械和设备,可以显著提高农牧业生产的机械化水平。例如,在地形复杂的山区推广小型农业机械和智能农机具,可以克服地形限制,提高作业效率和作业质量。同时,这些机械和设备的应用还能够减轻农牧民的劳动强度,提高他们的生活质量。

二、促进资源合理利用,保护生态环境

(一)推广环保技术,降低环境污染

1. 有机肥料的广泛应用

有机肥料的推广使用是本土化农牧业技术推广的一项重要内容。与化肥相比,有机肥料不仅能够提供作物生长所需的多种营养元素,还能改善土壤结构,增加土壤有机质含量,提高土壤肥力。通过有机肥料的推广使用,可以减少化肥的施用量,从而降低土壤和水源的污染风险,保护生态环境的健康。在推广有机肥料的过程中,本土化农牧业技术推广人员会根据当地的实际情况,选择适宜的有机肥料种类和使用方法。例如,在畜牧业发达的地区,可以推广利用畜禽粪便发酵制成的有机肥料,既解决了畜禽粪便的处理问题,又实现了资源的循环利用。同时,通过举办培训班、现场示范等方式,提高农牧民对有机肥料的认识和使用技能,确保有机肥料能够真正发挥作用。

2. 生物防治技术的普及

生物防治技术是一种利用生物或其产物来控制病虫害的方法,具有环保、可持续等优点。本土化农牧业技术推广积极倡导生物防治技术的应用,通过引进和培育天敌、使用生物农药等方式,减少化学农药的使用量,降低对环境的污染。在推广生物防治技术时,技术推广人员会充分考虑当地的生态环境和病虫害发生情况,选择适合的生物防治方法。例如,在果树种植区,可以推广利用天敌如瓢虫、食蚜蝇等来控制蚜虫等害虫;在蔬菜种植区,可以推广使用生物农药如苦参碱、印楝素等来防治病虫害。通过生物防治技术的普及和应用,不仅能够有效控制病虫害的发生,还能保护生态环境的平衡和稳定。

（二）合理规划生产布局，实现和谐共生

1. 优化种植结构，提高资源利用效率

在种植结构的规划上，本土化农牧业技术推广倡导根据当地的自然条件、土壤类型、水资源状况等因素，选择适宜的作物种类和种植方式。例如，在干旱地区，可以推广耐旱作物如玉米、小麦等；在水资源丰富的地区，可以发展水稻等水生作物。同时，通过轮作、间作等种植方式，提高土地的利用率和产出率，实现资源的合理利用。此外，本土化农牧业技术推广还注重农作物的秸秆还田和畜禽粪便的资源化利用。通过推广秸秆还田技术，可以将农作物秸秆转化为有机肥料，提高土壤的有机质含量；通过畜禽粪便的资源化利用，可以实现畜禽粪便的减量化、无害化和资源化处理，降低环境污染风险。

2. 调整畜牧业布局，保护生态环境

在畜牧业的布局规划上，本土化农牧业技术推广倡导根据当地的生态环境承载能力和畜牧业发展需求，合理确定畜牧业的规模和布局。例如，在草原地区，可以推广舍饲圈养和草畜平衡技术，避免过度放牧导致的草原退化；在山区和丘陵地区，可以发展林下畜牧和生态畜牧，实现畜牧业与生态环境的协调发展。同时，本土化农牧业技术推广还注重畜牧业的污染防治和生态修复。通过推广畜禽粪便的无害化处理技术、建设污水处理设施等方式，减少畜牧业对环境的污染；通过植树造林、草原改良等生态修复措施，恢复和改善生态环境的质量。

三、推动农牧业产业升级，促进经济多元化

（一）农牧业产业链延伸与升级是本土化技术推广的核心价值

1. 技术提升是生产环节的创新驱动

在农牧业生产的广阔天地中，本土化技术推广不仅聚焦于传统生产技艺

的改良,更着眼于引入现代科技力量,实现生产环节的全面革新。通过引进先进的种植技术、养殖模式以及病虫害防控手段,本土化推广有效提升了农牧产品的产量与质量,为产业链的后续延伸奠定了坚实基础。在生产技术的革新中,智能化、信息化技术的应用尤为突出。物联网、大数据、人工智能等现代信息技术的融合,使得农牧业生产变得更加精准、高效。智能灌溉系统、精准饲喂技术、环境监控系统的广泛应用,不仅降低了生产成本,还显著提高了资源的利用效率,为农牧业可持续发展开辟了新路径。

2. 产业链革新

本土化技术推广的深远意义,在于它不仅仅局限于生产环节,而是着眼于整个农牧业产业链的延伸与升级。在加工环节,通过推广先进的农产品加工技术,如精深加工、保鲜技术等,可以大幅提升农牧产品的附加值,满足市场对高品质、多样化产品的需求。同时,储存与运输技术的革新,如冷链物流的应用,确保了农牧产品的新鲜度与安全性,拓宽了产品的销售半径,增强了市场竞争力。而产业链升级的另一重要方面,是品牌建设与市场营销的本土化策略。通过挖掘地方特色,打造具有地域标识的农牧产品品牌,可以提升产品的知名度与美誉度,进而促进产业增值。此外,利用电商平台、社交媒体等现代营销手段,可以拓宽销售渠道,实现线上线下融合,为农牧产品开拓更广阔的市场空间。

(二)农牧业与其他产业融合发展是本土化技术推广的新视角

1. 农牧业与旅游业的深度融合

本土化技术推广的一大亮点在于其鼓励农牧业与旅游业的融合发展。通过打造农业观光园、牧场体验基地等,将农牧业生产场景转化为旅游资源,吸引了大量城市居民前来体验乡村生活,感受农牧文化的魅力。这种融合不仅为农牧业带来了新的经济增长点,还促进了城乡文化的交流与融合,提升了农牧业的综合效益。在农牧业与旅游业的融合过程中,本土化技术推广注重保留与传承地方特色文化。通过举办农耕文化节、畜牧节庆活动等,让游客在参与体验中了解农牧业的历史与现状,感受传统文化的魅力,从而增强了游客对农牧产品的认同感与归属感,进一步提升了产品的市场竞争力。

2. 农牧业与文化产业的协同创新

除了与旅游业的融合,农牧业与文化产业的协同创新是本土化技术推广的重要方向。通过将农牧业元素融入文化创意产品,如开发以农牧业为主题的艺术品、纪念品等,可以拓展农牧产品的文化内涵,提升其附加值。同时,利用农牧业资源打造特色文化品牌,如农产品地理标志、畜牧文化节庆等,可以增强农牧业的文化影响力,促进产业间的协同发展。在农牧业与文化产业的融合创新中,本土化技术推广还注重培养新型职业农民,提升他们的文化素养与创新能力。通过举办培训班、研讨会等活动,引导农民了解市场动态,掌握先进文化理念,鼓励他们将农牧业生产与文化创意相结合,开发出更多具有市场竞争力的产品,为农牧业经济的多元化发展注入新的活力。

参 考 文 献

[1]龙守勋,郭飞,陈中建.基层农业技术推广人员培训教程[M].北京:中国农业科学技术出版社,2021.

[2]农业农村部畜牧兽医局,全国畜牧总站.北方农牧交错带草牧业生产集成技术模式[M].北京:中国农业出版社,2022.

[3]张开.西北地区唐代农牧业地理研究[M].济南:齐鲁书社,2022.

[4]苗国文,张亚峰.青海东部农牧业区硒地球化学及应用[M].武汉:中国地质大学出版社,2022.

[5]杨兴龙,曹建民.吉林省农牧业绿色发展研究[M].北京:中国农业出版社,2022.

[6]马真,高磊,宋协法.设施水产养殖水质综合评价与预警方法[M].北京:化学工业出版社,2022.

[7]全国水产技术推广总站.水产养殖病原菌耐药性风险与防控[M].北京:中国农业出版社,2021.

[8]蔡生力.水产养殖概论[M].北京:中国农业出版社,2021.

[9]石建高.水产养殖网箱标准体系研究[M].北京:中国农业出版社,2020.

[10]唐德文,段春生.水产养殖新模式 养殖[M].武汉:湖北科学技术出版社,2023.

[11]闫晓静,崔丽,袁会珠.玉米病虫草害化学防治与施药技术规范[M].北京:中国农业科学技术出版社,2021.

[12]张绍升,刘国坤,肖顺.中国作物线虫病害研究与诊控技术[M].福州:福建科学技术出版社,2021.

[13]李绪孟,王迪轩.现代高效农业种养技术[M].北京:化学工业出版社,2021.

[14]邱会政,刘晓杰,吴永儒.生态养殖新技术[M].杨凌:西北农林科技大学出版社,2023.

[15]王文多.生猪养殖实用技术[M].兰州:甘肃科学技术出版社,2021.

[16]刘喜雨.绿色生态养殖技术[M].昆明:云南大学出版社,2021.

[17]王文林.畜禽养殖氨排放核算技术方法研究[M].北京:中国环境出版集团,2020.

[18]石建高.深远海养殖用渔网材料技术学[M].北京:海洋出版社,2022.

[19]陈元刚,等.畜禽养殖污染处理技术[M].南京:东南大学出版社,2022.

[20]孔令杰,张旭彬,杨秀.北方名优水产品养殖技术[M].北京:海洋出版社,2020.

[21]王定国,王博.生态生猪养殖技术[M].北京:中国轻工业出版社,2022.

[22]全国水产技术推广总结.集装箱式循环水养殖技术模式[M].北京:中国农业出版社,2021.

[23]全国水产技术推广总结.盐碱水绿色养殖技术模式[M].北京:中国农业出版社,2021.

[24]李传武,向劲,柯青霞.淡水生态高效养殖技术[M].北京:中国农业科学技术出版社,2020.

[25]张世海.发酵床生态养殖技术[M].北京:中国农业出版社,2020.

[26]覃栋明,朱定贵,朱瑜.淡水名特优鱼类养殖技术[M].南宁:广西科学技术出版社,2020.

[27]崔茂盛,段建兵,王立东.畜牧业养殖实用技术研究[M].北京:中国农业科学技术出版社,2020.